Katharina Hero

Aus dem Kokon fliegt ein Schmetterling

Umschlaggestaltung:
Thomas Kuhn, Feine Fotografien, St. Peter Ording

Verlag und Druck:
tredition GmbH,
Halenreie 40-44,
22359 Hamburg
info@tredition.de

ISBN
978-3-347-38511-5 (eBook)
978-3-347-38509-2 (Paperback)
978-3-347-38510-8 (Hardcover)

Dieses Buch widme ich all denjenigen Menschen, die sich noch nicht trauen sich zu zeigen, obwohl sie so besonders sind. Insbesondere auch den traumatisierten Personen, die sich befreien wollen oder befreit haben und die vielleicht noch einen Impuls brauchen, um den entscheidenden Schritt zu gehen. Es gibt immer einen Weg. Und es finden sich immer Menschen, die einem hilfsbereit zur Seite springen, wenn man überhaupt nicht damit rechnet.

Auf diesem Wege möchte ich mich auch bei meinen vielen Wegbegleitern bedanken, die immer und über so viele Jahre bereits für mich da waren und noch sind, egal, was passiert ist: meine grossartigen Kinder, meine Freunde, Bekannte, Yoga-Lehrer:Innen und allen Anderen.

Inhaltsverzeichnis

Über das Buch

Dieses Buch ist nach einer wahren Geschichte aufgeschrieben. Einige Namen, Ereignisse und Orte sind zum Schutz dieser und aufgrund meiner künstlerischen Freiheit, verändert worden.

Ich möchte hiermit Menschen Mut machen, den eigenen Weg zu gehen. Es ist lohnenswert, sich selbst zu reflektieren und zu spüren. Meist ist man selbst sein größter Kritiker, geprägt durch Glaubenssätze und Verhaltensmuster aus der Vergangenheit. Diese hindern einen oft daran sein Potential zu nutzen und sein Licht zum Leuchten zu bringen. Es steckt so viel in einem Selbst. Je besser man seine Bedürfnisse kennt, seinen Gefühlen vertraut, desto mehr findet man zu sich selbst und spürt, was einem gut tut.

Im Laufe der Jahre habe ich viele besondere Menschen kennengelernt, die sich aber nicht trauten eine Veränderung in ihrem Leben herbeizuführen, obwohl es ihnen nicht gut ging. Das Umfeld, die Struktur, manchmal auch eine finanzielle Abhängigkeit hindern, neben den eigenen Prägungen, daran, den Schritt in eine andere Zukunft zu gehen. Leider habe ich erlebt, dass dies zu Unzufriedenheit bis hin zu Krankheit, wie Depressionen führen kann. Die Angst vor dem eigenen Licht scheint viel größer zu sein als die Angst vor der Dunkelheit. Dabei ist das Leben insgesamt deutlich heller, wenn jeder Mensch sein Licht anzündet. Der Schritt auf die Bühne des Lebens erfordert viel Mut. Man wird sicht- und angreifbar und zieht dadurch ganz andere Menschen an, als diejenigen, die einem vertraut sind.

Mit dieser Geschichte möchte ich Menschen ermutigen sich zu trauen den ersten Schritt zu gehen, das Vertrauen zu haben, dass einem immer geholfen wird. Es steckt so viel mehr an Potential und Wissen in uns als wir denken.

0

Prolog

...und endlich fühle ich, dass ich stark genug bin loszufliegen und mein Licht zum Leuchten zu bringen....

Mich haben schon immer Märchen, Erzählungen und Sagen fasziniert, u.a. die Gebrüder Grimm und Astrid Lindgren. Beeindruckend und inspirierend finde ich darüber hinaus Jean d'Arc, Albert Einstein, Mahatma Ghandi, Martin Luther King, und Yuval Harari, Vera Birkenbihl, Gerald Hüther, Eckhart Tolle, Brene Brown.

Und die Geschichte der *„Kleinen Raupe Nimmersatt"* von Eric Carle.

Meine eigene Geschichte, die ich hier gern erzählen möchte, findet sich in abgewandelter Form in derjenigen der kleinen Raupe wieder, statt Nahrungsmittel nährten mich positive Erfahrungen. Ob ich auch ein wunderschöner Schmetterling geworden bin, vermag ich nicht zu sagen, zumindest fliege ich jetzt und habe den Kokon verlassen.

1

Die frühen Jahre

Mein Name ist Katharina Hero, und ich bin sehr stolz auf diesen besonderen Namen. Katharina, nach „Katharina der Großen" wie ich mir immer vorstellte, und Hero für die Heldin, die ich gern in meiner Fantasie war. Begeistert stellte ich mir mich selbst auch als Märtyrerin vor, die für andere starb und danach endlich die Anerkennung bekam, die sie im Leben nie bekommen hatte.

Meine Mutter ist als älteste Tochter einer Kaufmannsfamilie sehr behütet aufgewachsen und hat preußische Tugenden wie Ordnung, Zuverlässigkeit, Gehorsam komplett verinnerlicht.

Mein Vater kommt aus einer großen Handwerkerfamilie. Jeder in der Familie verdiente seinen Lohn durch „seiner Hände Arbeit" und da jeder ein anderes Handwerk beherrschte, half man sich untereinander, was gerade bei größeren Vorhaben wie beispielsweise einem Hausbau von Vorteil war.

Meine Eltern haben sich auf einem Dorffest kennengelernt. Mein Vater forderte meine Mutter zum Tanz auf, wie es seinerzeit üblich war, und so verbrachten sie den einen oder anderen Abend zusammen.

Meine Mutter träumte von einem Studium und wollte Bücher schreiben, mein Vater wollte als Zimmermann sein Leben verbringen und dabei die Welt erkunden.

Damals gab es nur wenige Autos, und das Reisen, selbst in die nächste Großstadt, war ein besonderes Ereignis. Der Mann hatte das Sagen, konnte bestimmen, ob seine Frau arbeiten darf oder nicht, ob der Haushalt gut genug geführt wird. Uneheliche Kinder sowie nicht verheiratete zusammenlebende Paare waren gesellschaftlich verpönt. Verhütungsmittel kannte man damals noch nicht. Und ein Paar, das nicht verheiratet war, bekam keine Wohnung. Ein Kind erschwerte die Situation noch um ein Vielfaches.

In dieser Zeit kam ich ins Spiel, ungeplant und zumindest seitens meiner nicht aufgeklärten Mutter ungewollt. Eigentlich wollte sie mich wieder los werden, um sich ihren Traum erfüllen zu können. Doch ich blieb hartnäckig. Und im Endeffekt heirateten meine Eltern, trotz der massiven Widerstände meiner mütterlichen Großeltern, die sich für ihre Tochter aus gutem Hause etwas anderes vorgestellt hatten, als nun ausgerechnet einen Handwerker.

Mit meiner Geburt an einem sehr kalten Wintertag änderte sich für meine Mutter alles. Sie musste in ihrem kleinen Dorf bleiben, abgeschottet von der Stadt, war dem

Dorftratsch ausgesetzt sowie der Familie meines Vaters, die gern und oft zusammen kam und jeden Anlass zum Feiern nutzte. Zudem war der einen Familie das Zusammenkommen wichtiger, als eine gewisse Etikette zu wahren, so dass es hier bereits zu Spannungen kam.

In der einen Familie wurde viel auf Tischmanieren geachtet, es gab sogar Messerbänkchen und die Frauen trugen Kleider. Der Tisch wurde schön eingedeckt, mit schweren weissen Damasttüchern. In der anderen Familie war die Etikette nicht so wichtig, die Kaffeetassen standen ohne Untertasse auf dem Tisch, da dies aufgrund der großen Anzahl Menschen, die oft zusammenkamen, Abwasch sparte und auch praktischer war. Auch die sprachliche Ausdrucksweise war sehr unterschiedlich. Zudem durften in der einen Familie alle sprechen, in der anderen die Kinder nur, wenn sie angesprochen wurden. Ich lernte schon als kleines Mädchen zwei komplett verschiedene Lebensweisen kennen und mich an beide anzupassen.

Mit achtzehn Monaten erhielt ich meine erste Brille, nachdem ich angeblich gegen jeden Laternenmast auf dem Weg lief, hinfiel und permanent blaue Flecken hatte. Es stellte sich heraus, dass ich kein räumliches Sehvermögen habe, was mich auch heute noch in fremden Umgebungen etwas verunsichert. Allerdings hat unser Gehirn erstaunliche Fähigkeiten, die sogar eine solche Fehlbildung ausgleichen können, so dass ich heutzutage fast ohne blaue Flecken durch das Leben gehe. Heute weiß ich auch, warum mich das Autofahren in der Dunkelheit bei Schneefall deutlich mehr fordert als andere, ich sehe immer alles scharf, erkenne jeden kleinen Tropfen auf der Windschutzscheibe. Dies ermüdet viel schneller. Dass ich deutlich anders sehe, als die anderen kam erst vor ein paar Jahren zufällig zutage. Damals wurde eine Ausstellung gefilmt und der Fokus lag auf den jeweiligen Ausstellungsstücken, drumherum wurde alles unscharf gezeigt. Mich hat das total genervt, ich habe das mit den Worten: „so schaut ja kein Mensch" kommentiert. Meine Familie schaute mich völlig entgeistert an, denn so würden sie immer schauen. Erst da lernte ich, dass es ungewöhnlich ist, immer alles um sich herum scharf zu sehen. Das ist nur ein anderer Teilaspekt, der mir deutlich macht, wieviel Mut ich bereits in meinem Leben bewiesen habe, insbesondere beim Steigen von Treppen oder Springen über Hindernisse. Zudem ist dieser Sehfehler für niemanden äußerlich sichtbar, verunsicherte mich selbst allerdings das eine oder andere Mal, bzw. es kostete mich viel Überwindung etwas Neues auszuprobieren.

Während meiner frühesten Kindheit wohnten wir in einem schönen Haus. Ich hatte mein eigenes großes Zimmer mit Balkon und rote Clogs und fühlte mich grundsätzlich wohl, in manchen Momenten allerdings auch sehr allein und traurig, nicht zugehörig. Kinder haben ein feines Gespür für Schwingungen und wollen, dass es ihren Eltern gut geht. Ich habe wohl gespürt, dass ich nicht wirklich gewollt und für das Leben meiner Mutter jetzt verantwortlich war. Ich habe mich oft schuldig gefühlt. Vor allem habe ich mich damals niemanden anvertrauen können, daher war es für mich jahrzehntelang völlig normal, dass ich permanent Schuldgefühle hatte.

Meine Eltern beschlossen, dass mein Vater etwas sesshafter werden sollte, und so bildete er sich drei Jahre lang in Hamburg weiter. Dies bedeutete, dass er unter der Woche in der Stadt blieb und nur noch am Wochenende nach Hause kam. Durch diese Weiterbildung konnte er jedoch später verbeamtet werden, was das Sicherheitsdenken meiner Mutter stützte.

Drei Jahre nach meiner Geburt kam mein Bruder zur Welt. Durch seine Fröhlichkeit und sein offenes Gemüt gewann er schnell die Herzen der Besucher, und ich geriet in den Hintergrund. Auch meine Mutter war froh endlich einen Sohn zu haben und vergaß mich manchmal regelrecht. Das freundliche Wesen meines Bruders steckte mich an, und ich half ihm gern aus dem Laufstall, den er verabscheute und unterstützte ihn bei seinen vielen Einfällen, über die meistens gelacht wurde. Richtig viel Ärger hat er nicht bekommen.

Ich selber hielt mich immer mehr im Hintergrund.

In der Zeit kam ich in den Kindergarten, der mir gefiel, insbesondere das Basteln und Werken. Es war ein kleines überschaubares Haus mit wenigen Räumen und sehr netten Erzieherinnen, denen ich vertraute. Das war ein Ort, an dem ich mich sehr wohl und geborgen fühlte, an dem ich wahrgenommen wurde und man sich um mich kümmerte.

Dieses unbekümmerte Miteinandersein empfand ich auch bei einigen Besuchen bei Freunden und wollte oft nur ungern wieder zurück nach Hause. Bei diesen Treffen wur-

de mir das Gefühl gegeben, wichtig zu sein und dazuzugehören, was ich bei mir zu Hause nicht immer so empfand.
Ich fühlte mich eher als Beobachterin, die Sorge trug, dass
es den anderen gut geht. Aus diesem Grund habe ich nicht
gelernt meine eigenen Bedürfnisse zu spüren, zum Ausdruck zu bringen und manchmal auch einzufordern. Dieses
Gefühl, dass ich um meiner Selbst willen wichtig bin und
mich ausprobieren kann habe ich nicht erlebt.

Während eines Familienfestes verletzte ich mich bedau-
erlicherweise durch einen Sturz auf einen Kinder-Lastwa-
gen und musste aufgrund der Platzwunde am Kinn ins
Krankenhaus zum Nähen. Ich fühlte mich so schlecht und
schuldig, dass meine Mutter nun mit mir zum Arzt fahren
musste und nicht mehr in der geselligen Runde bleiben
konnte. Sie verstärkte in mir das Schuldgefühl noch. Ich
kann mich nicht erinnern, dass ich einmal von ihr zärtlich
getröstet wurde oder „Wunderpuste" bekommen habe.
Diese besondere Puste hat ja angeblich schon so manche
Wunde schnell heilen lassen.

Die Bindung zu meiner Mutter wurde immer mehr durch
die „wenn-dann-Beziehung" geprägt. Wenn ich artig, lieb
und angepasst war, dann war alles in Ordnung. Wenn ich
jedoch einmal nicht brav war, dann gab es Ärger, und ich
hatte massive Schuldgefühle wieder etwas falsch gemacht
zu haben. Irgendwann beschloss ich, als sehr junger
Mensch, ich glaube ich war vier oder fünf Jahre alt, meine
Gefühle gar nicht mehr zu zeigen - es war sowieso immer
falsch. Nach den aktuellen Hirnforschungsstudien sind wir
als Menschen in der Lage ungute Gefühle mittels hemmen-

der Netzwerke im Gehirn auch dauerhaft zu unterdrücken. Und warum sollte ich mir immer wieder weh tun lassen? So erschuf ich mir einen Kokon um mich herum, einen sicheren Zufluchtsort, alles andere konnte draußen bleiben.

Erst Jahrzehnte später lernte ich, dass mich unter anderen eine Verhaltensmaßnahme meiner Mutter gebrochen hatte und mich darin stärkte, meinen geschützten Kokon nicht zu verlassen.

Wir waren in die Stadt gefahren, ich war vielleicht drei oder vier Jahre alt und angeblich sehr trotzig. Da ich meinen Willen nicht bekam, warf ich mich in der Fussgängerzone auf den Boden und weinte. Meine Mutter ging weiter und versteckte sich hinter der nächsten Ecke. Irgendwann stand ich dann auf und suchte meine Mutter, die ich nicht sehen konnte, was eine tiefe Furcht in mir auslöste. Eine Ewigkeit später - aus kindlicher Sicht - tauchte meine Mutter wieder auf. Es war furchtbar so allein gelassen zu werden. Und meine Mutter war stolz, dass ich mich danach nie wieder trotzig verhalten habe und erzählte gern von ihrer gelungenen Maßnahme. Ihr ist gar nicht bewusst gewesen, was ihr Verhalten bei mir ausgelöst hatte. Diese starke Angst hat mich mein Leben lang begleitet.

Meine Mutter hatte ihrerseits auch keine anderen „Erziehungsmuster" gelernt und meine Großmutter ebenfalls nicht. Vielleicht stimmt es, dass alte Verhaltensmuster über Generationen hinweg weitergegeben werden und erst in der siebten Generation aufgelöst werden können - dann bin ich also die Siebte.

Was mir in der Kindheit wirklich gefiel war mein Geburtstag. Meine Mutter kochte mir immer Rinderrouladen und backte eine Erdbeertorte für mich. Und das Highlight war, wenn mein Vater mich auf einen von ihm selbst gebauten Holzstuhl setzte und mich hoch leben ließ. Dabei hob er mich zum Lied „Hoch sollst du leben" beim „Hoch, hoch, hoch" in die Luft. Als ich klein war ganz allein und später dann zu zweit mit einem meiner Onkel, meist war einer zu Besuch zu meinem Geburtstag. Irgendwann passte ich dann leider nicht mehr in den Stuhl, damit entfiel das geliebte „Hochleben".

Von meinen Eltern habe ich ganz viele unterschiedliche Dinge gelernt. Mein Vater brachte mir unter Anderem das Fahrradfahren, das Drachensteigen und das Schwimmen bei. Wir sind sehr viel zusammen geschwommen, oft auch weit ins Meer hinaus. Das ängstigte meine Mutter, der das Schwimmen auch Spaß brachte, allerdings nur so lange sie noch Boden unter den Füßen hatte.

Von meiner Mutter habe ich das Basteln und Backen gelernt. Zudem hat sie uns viel vorgelesen und war selbst kreativ indem sie töpferte oder Porzellan bemalte.

Mit etwa fünf Jahren, als ich in die Vorschule kam, begann ich mich immer tiefer in meinen Kokon zurückzuziehen und diesen zu verstärken, lernte meine Gefühle zu unterdrücken und irgendwann nicht mehr zu spüren. Meine kindliche Neugierde brachte mich gelegentlich dazu etwas aus ihm herauszuluken. Der Schutzraum im Kokoninneren wurde jedoch wichtiger und im Laufe der Jahre sogar noch stärker. Zunächst gab es nichts, was mich ermutigte ihn zu verlassen. Das Gefühl allein zu sein und die Angst allein gelassen zu werden war übermächtig für mich als kleines Mädchen. Es gab nichts oder niemanden, der mich ermutigte einmal herauszukommen um mich ausprobieren zu können. Die Glaubenssätze „es ist alles nicht so schlimm", „stelle dich nicht so an", „man muss auch einmal nachgeben" prägten mich. Das Gefühl des Fallenlassens und des „Fünfe-gerade-sein-lassens" habe ich nicht kennengelernt. Daher sind für mich die Werte „Zuverlässigkeit" und „Ehrlichkeit" noch immer sehr wichtig. Des Weiteren lernte ich in der Zeit auch, meine Wut auf andere nicht mehr aufkommen, und diese tief im Kokon zu lassen. Von außen bekam ich immer wieder gespiegelt, dass Wut etwas Falsches ist. Ich sollte doch das liebe brave Mädchen sein.

2

Die Grundschuljahre

Mit meiner Einschulung änderte sich einiges. Mein Vater hatte eine neue Arbeit gefunden, und wir zogen aus unserem kleinen, überschaubaren Dorf in eine größere Gemeinde. Mein schönes, großes Zimmer tauschte ich gegen ein gemeinsames Zimmer mit meinem Bruder. Zudem wurde ich krüsch (norddeutscher Ausdruck für jemanden, der seine Auswahl an Essen sehr begrenzt: bei mir waren das Nudeln, Tomatensauce, Kartoffeln, Erbsen, Mohrrüben und Gurken sowie Würstchen), und zum anderen vermied ich Körperkontakt, auch Umarmungen waren mir unangenehm.

In der Schule kam ich gut mit, ich brauchte mich nicht groß anzustrengen und hatte gute Noten und eine sehr gute Freundin, bei der ich gern und oft übernachten durfte.

Zu Hause war mein Bruder immer im Vordergrund, über ihn sprach meine Mutter. Und er wurde gelobt. Ich war immer froh, wenn mein Vater da war und mit uns spielte oder etwas mit uns unternahm. Er war immer sehr unkompliziert und hatte stets einen lockeren Spruch auf den Lippen.

Meine Mutter war eine gute Köchin und konnte auch aus Resten noch sehr viel Leckeres zaubern. Mein Bruder verbrachte viel Zeit mit ihr in der Küche und lernte von ihr Kochen und Backen.

Mich interessierte von jeher mehr die Technik, so dass ich lieber meinem Vater beim Reparieren von Haushaltsgeräten zusah und später, als wir unser eigenes Haus hatten, im Garten half. Durch ihn lernte ich viele Werkzeuge kennen und bin heute stolz darauf, einfache handwerkliche Tätigkeiten selbst ausführen zu können.

An ein Ereignis im Sommer erinnere ich mich noch gut: wir waren zur Taufe meines Cousins aus der Familie meiner Mutter eingeladen, ein sehr festlicher Anlass. Alle waren schick gekleidet, und es gab ein großes Buffet. Leider fiel mir ein Senfglas aus der Hand und zersprang. Einer der Brüder meiner Mutter schrie mich daraufhin an, wie ich nur so ungeschickt sein könne. Ich solle mir einen Handfeger besorgen und die Scherben aufkehren, statt nur blöd herumzustehen. Ich kam mir so furchtbar dumm, hilflos vor und wäre am Liebsten im Boden versunken.

Dieses Erlebnis prägte mich noch sehr lange und ließ mich auch einige Abende lang grübeln. Bei Feierlichkeiten war ich stets extrem angespannt, um nur ja nicht durch ein ungeschicktes Verhalten meinerseits wieder ungewollt im Mittelpunkt zu stehen. Ich wollte niemandem zur Last fallen und bemühte mich nach Kräften es vor allem meiner Mutter recht zu machen.

Prägend waren für mich zudem die vielen Umzüge bedingt durch die Berufstätigkeit meines Vaters. Jedes Grundschuljahr verbrachte ich in einer anderen Stadt und damit auch in einer anderen Schule. Jedes Mal habe ich mich wieder eingewöhnen müssen. In den einzelnen Schulen hatte ich fachlich keinerlei Schwierigkeiten und konnte mich immer gut auf die neuen Kinder einstellen. Ich galt als still und zurückhaltend und habe nach einigen Monaten Freundschaften geschlossen, die ich ein halbes Jahr später bereits wieder aufgeben musste. Der häufige Wechsel verstärkte mein Gefühl mich nur auf mich selbst zu verlassen, irgendwann stand ich sowieso wieder allein vor einer neuen Klasse.

Zu einer meiner Grundschullehrerinnen fasste ich Vertrauen und fühlte mich in der Klasse nach einigen Wochen schon wohl. Ich durfte bei der Aufführung der Weihnachtsgeschichte den Engel spielen. Das war sehr aufregend, und wir probten viel. Meine Mutter nähte mir aus einem weißen Bettlaken ein Engelskostüm. Die Flügel bastelten wir gemeinsam aus Pappe mit aufgeklebter Aluminiumfolie. Der große Tag kam, und ich war mir sicher, dass ich meinen Text beherrschte. Ich wurde als Engel hell angestrahlt und war glücklich, dass ich meinen Einsatz bestens meisterte. Wir bekamen alle viel Applaus und mussten uns mehrmals verbeugen. Das ist einer der wenigen Momente, an die ich mich mit einem Gefühl voller Stolz erinnere.

Während dieser Zeit arbeitete meine Mutter halbtags, mein Bruder ging in den Kindergarten und mein Vater war auf verschiedenen Baustellen unterwegs. In den Ferien durfte ich im Kindergarten mithelfen. Das hat mir große Freude bereitet. Ich habe den Jüngeren gern vorgelesen und mit ihnen gespielt. Und bei den Ausflügen der Kindergartengruppen durfte ich vorn oder hinten voller Stolz neben der Erzieherin mitgehen. Ich war wichtig, das war ein schönes, mir bis dato nicht bekanntes, Gefühl. Zum Abschluss bekam ich immer ein kleines Geschenk der Kindergartenleiterin. An einen besonderen Ring kann ich mich noch heute erinnern.

Die vielen Wechsel in drei unterschiedliche Bundesländer führten dazu, dass ich noch zurückhaltender und stiller wurde. Ich fand es furchtbar ganz allein vorn in der Klasse zu stehen, damit die Lehrerin mich den Schulkindern vorstellen konnte. Im Mittelpunkt zu stehen war für mich schwer auszuhalten, denn damit ging die Furcht einher wieder etwas falsch zu machen und dafür bestraft zu werden, und das dazu noch öffentlich. Außerdem waren die Anforderungen an den Schulen in den Bundesländern damals verschieden, so dass ich einmal über Monate nur Wiederholungen machen musste. Aber wie erwähnt, ich ging gern in die Schule, konnte die Anforderungen immer erfüllen und bekam für meine Anstrengungen gute Noten. Schule spielte ich zu Hause gern mit meinen Barbiepuppen nach.

An diese Grundschulzeit zurückdenkend erinnere ich mich an ein Angstgefühl, nur ja nicht aufzufallen und bloss alles richtig zu machen. Ich hatte mich sehr angepasst. Zudem fand ich es ungerecht, dass mein Bruder vorgezogen wurde und viel mehr durfte als ich selbst. Eine unbeschwerte Kindheit fühlt sich ganz sicher anders an.

Jeden Abend lag ich im Bett, grübelte über den ganzen Tag, was ich wieder falsch gemacht hatte, setzte mich selbst dabei unter Druck und schlief oft traurig ein, weil mir immer etwas einfiel, was ich besser hätte machen können.

Das Herausschlüpfen aus meinem Kokon habe ich immer wieder geübt und jedes Mal wurde ich erneut verletzt, musste lieb gewonnene mir positiv gesonnene Menschen wieder verlassen. Also verschloss ich meinen Kokon noch weiter. Ich wollte nicht immer wieder verletzt werden und das Gefühl von Angst, Trauer oder Wut fühlen. Das war zu schmerzhaft und ich hatte keinen Erwachsenen, mit dem ich diese Schmerzen hätte teilen können, der mich vielleicht verstanden oder mich zumindest getröstet und mit mir gefühlt hätte.

3

Die Mittel- und Oberstufe

Zum Schulwechsel in die 5. Klasse zogen wir nach Lübeck, endlich einmal eine größere Stadt, in der ich auch mein Abitur machen sollte. Das waren zehn Jahre ohne Umzüge! Länger habe ich bis heute nie an einem Wohnsitz gelebt. Vielleicht war ich in einem meiner vorherigen Leben eine Nomadin, wer weiß das schon?

Wir zogen in unser Haus, das mein Vater mit seiner Handwerkerfamilie selbst gebaut hatte. Endlich bekam ich wieder mein eigenes Zimmer, und mein Bruder und ich hatten ein gemeinsames großes Spielzimmer. Wir haben viel zusammen gespielt, mit Puppen, Autos und Lego® und immer wieder Situationen aus dem Leben nachgespielt. Mein Lieblingsspiel war „Schule", und ich fertigte für meine Puppen Hefte an und benotete ihre Aufgaben. Auch hatte ich viele Bücher, war Mitglied in der örtlichen Bücherei und konnte stundenlang lesen, gern auch bis spät abends unter der Bettdecke, mit einer Taschenlampe. Das mit dem Gedanken, dass meine Eltern dies wohl nicht bemerken würden.

Wir hatten einen großen Garten, in dem wir sogar Brenn- oder Völkerball spielen konnten. Ein Stück des Gartens war abgetrennt und für den Anbau von Gemüse- und Obst vorgesehen. Auch ich hatte mein eigenes Beet und durfte aussäen, was ich wollte. Frisch gepflückte Erbsen und Himbeeren sind ganz besonders. Vor der Schule noch schnell etwas aus dem Garten zu naschen, gefiel mir. Vor meinem Zimmer wuchsen Sonnenblumen und ich war so froh mein eigenes kleines Reich zu haben. Ich dachte immer, dass ich eine besonders schöne Kindheit erlebt habe.

Ging es jedoch um die Auswahl von Kleidung oder Gestaltung des Kinderzimmers, so nahm ich grundsätzlich die Vorschläge meiner Mutter an, hatte nie gelernt für mich selbst zu entscheiden und habe mich nicht ausprobiert, mich nie in unterschiedlichen Kleidungsstücken vor dem Spiegel bewundert, wie die meisten anderen Mädchen. Um alles in der Welt habe ich vermieden den Zorn anderer auf mich zu ziehen und damit einher ging eine Anpassung an das Außen. Es war mir wichtiger es allen anderen recht zu machen, als für mich selbst zu sorgen - zu spüren, was mir gefällt und mir gut tut. Ich glaube, dass ich damals schon das „Funktionieren" lernte, da ich meine Gefühle tief versteckt hatte und diese nicht mehr an die Oberfläche ließ.

Hatte ich bereits gelernt, dass ich nur dann geliebt werde, wenn ich mich konform verhielte, lernte ich jetzt, was ich vorher nicht wirklich wahr haben wollte: mein Bruder stand immer an erster Stelle! Es gab sogar Bekannte meiner Eltern, die erstaunt waren, dass es in unserer Familie eine Tochter, also mich, gab.

Abends hatte ich oft Angst einzuschlafen, da ich nicht wusste, ob ich am nächsten Morgen wieder wach würde. In meiner Phantasie sollte ich als Märtyrerin sterben, dafür war es aber noch nicht an der Zeit.

In der Musik fand ich Bestätigung und konnte meinen Unmut über mich selbst einmal Luft geben. Ich hatte Blockflötenunterricht und spielte in einem Flöten - Quartett. Mit etwa zehn Jahren begann ich Klavier zu spielen und durfte sogar zweimal als Begleitung am „Jugend musiziert"-Wettbewerb teilnehmen. Dabei war ich sehr aufgeregt, vor einer großen Anzahl Menschen in einem Musiksaal einen Trompeten - bzw. Klarinettenspieler am Klavier zu unterstützen - wow! Heutzutage bin ich darauf stolz, damals nicht. In meiner Klavierlehrerin hatte ich jemanden gefunden, die an mich glaubte und mich sowohl forderte - es gab richtig Ärger, wenn ich nicht gut geübt hatte - und förderte. Auch heute noch kann ich leichtere Stücke vom Blatt abspielen, das Üben hat sich ausgezahlt.

Rückblickend habe ich während meiner Kindheit keine liebende Bindung erlebt, keine bedingungslose Liebe, sondern eine „Wenn-Dann-Beziehung". Ich denke, dass dies vielen Frauen so ging. Waren wir brav und artig, wurden wir geliebt, ansonsten drohte Liebesentzug.

Wenn man das ruhige, artige Mädchen ist, ist alles in Ordnung, hält man sich nicht an die Regeln, bewegt sich außerhalb der Normen, dann wird man bestraft. Wie ich erst viel später lernen sollte, zeichnete sich hier sogar ein weiteres Verhaltensmuster, das zur „Inneren Prägung" wurde, ab. Für ein Fehlverhalten wurde ich mit Liebesentzug bestraft. Dann allerdings wurde mir zusätzlich das Gefühl vermittelt, selbst daran Schuld zu sein. Und das Thema Schuld prägt mich bis heute, nur kann ich jetzt als erwachsene Frau anders damit umgehen. Um zu vermeiden, dass ich dieses starke und vor allem nicht gewollte Schuldgefühl überhaupt bekomme, war ich zum einen immer lieb und nahm alle Schuld auf mich und schämte mich zum anderen oft für mein Dasein und mein Verhalten. Dies sollte später zu absurden Situationen führen.

Also suchte ich nach Anerkennung im Außen, war nach wie vor sehr gut in der Schule, machte mich jedoch immer klein und ärgerte mich bis zum Jähzorn über mich selbst. Meine Glaubenssätze „stell dich nicht so an", „das ist nicht so schlimm", „man muss auch einmal nachgeben können" waren tief verinnerlicht und haben mich mit dramatischen Folgen mein Leben lang begleitet. Eine weitere tief verinnerlichte Blockade war mein Perfektionismus und die Unfähigkeit Hilfe anzunehmen. Gelang mir einmal etwas nicht sofort, bestrafte ich mich selbst, warf Bücher an die Wand um den großen Frust über mich und meine, so wie ich dachte, persönliche Unfähigkeit loszuwerden.

Folglich fing ich an, mich über Noten zu definieren. Irgendwann musste ich doch auch einmal Aufmerksamkeit und Anerkennung bekommen, insbesondere die meiner Mutter. Ist Mutterliebe nicht angeboren und liebt nicht jede Mutter ihr Kind bedingungslos? Schließlich wächst man im Körper seiner Mutter heran und so wächst doch auch die Bindung, oder?

Mein Vater konnte mich leider nicht so stützen, wie ich es als Kind gebraucht hätte. Er arbeitete sehr viel und war zudem Gelegenheitsalkoholiker, verübte auch zwei Selbstmordversuche, so dass ich in ihm damals keinen starken Menschen hatte, zu dem ich eine sichere Verbindung hätte aufbauen können. Und so sachlich ich das hier jetzt aufschreibe, so habe ich es damals auch empfunden. Es tat mir leid, meinen Vater leiden zu sehen, und meine Mutter war oft krank, litt also ebenfalls auf eine andere Art und Weise. Meine Gefühle waren tief abgeschottet und sollten für lange Zeit ganz tief im Verborgenen in meinem Kokon bleiben. Ich denke heute, hätte ich meine Gefühle damals zugelassen, meiner Trauer und Sorge über beide Elternteile gezeigt, dann hätte ich wohl nur schwer überlebt. Ich kenne mittlerweile Menschen, die daran zerbrochen sind. Mein Lebenswille, der sich schon in den ersten Monaten im Bauch meiner Mutter zeigte, war wie eine Art „Stehaufmännchen", das sich immer wieder hoch schaukelt, wenn auch mit den „falschen" Glaubenssätzen.

Ein großes Freiheitsgefühl, das Gefühl, es lohnt sich vielleicht doch ein wenig aus meinem Kokon herauszukommen, überkam mich mit Anfang zwanzig. Mit meinem damaligen Freund baute ich einen Bulli aus, und wir fuhren damit durch Europa. Dieses Gefühl einfach dort zu bleiben, wo es einem gefällt, seinen eigenen „Raum" für sich zu haben, war großartig und bestärkte mich darin noch viel zu reisen, neue Länder und Menschen kennenzulernen. Auch wenn ich damals nicht glaubte, dass ich mit meinen Sprachkenntnissen gut genug war, um mich überall verständigen zu können. Eine Englisch-Lehrerin teilte mir in der 7. Klasse mit, dass meine Aussprache fürchterlich sei und ich ganz sicher niemals etwas „mit Englisch" werde machen können.

Und ich wollte nicht wieder in die Enge zurück, sondern wäre am liebsten immer weiter gefahren, ausgebrochen. Wie auch Udo Jürgens in seinem Lied *„Ich war noch niemals in New York"* so schön singt, *„einmal verrückt sein und aus allen Zwängen fliehen"*...

Meine Freundinnen verliebten und entliebten sich, probierten sich aus, gingen lange Shoppen und konnten ewig vor dem Spiegel stehen, sich unterschiedlich schminken und verschiedene Posen einüben. Mich interessierte das nicht, und ich probierte mich nicht aus. Ich war immer die stille Beobachterin, war da, wenn es jemandem schlecht ging oder Hilfe benötigt wurde.

Ich habe mit niemandem über meine Situation gesprochen, hielt mich immer zurück, wollte niemanden stören oder zur Last fallen. Und auf keinen Fall wollte ich die nach außen zur Schau gestellte „Heile Welt" zerstören. Ich fühlte mich schuldig, dass ich das, was ich erlebte wohl nicht richtig zu schätzen wusste, denn es ging mir ja schließlich gut. Es ist beeindruckend, wieviel man sich selbst einreden kann, nur um seine unguten Gefühle, die man nicht aushalten kann, unterdrücken zu können. Auf diese Weise verlernt ein Kind, dass es sich immer auf seine Gefühle verlassen und diesen trauen kann.

Selbst bei eigenen blutigen Verletzungen hatte ich ein schlechtes Gewissen und Schuldgefühle, wobei Verletzungen und Krankheiten bei Kindern doch selbstverständlich sind.

Daher machte ich mich klein und sah mir selbst wie in einem Film zu. Ich schaltete jedes Gefühl ab.

Meinen Kokon schnürte ich immer enger. Statt mich zu „ent-wickeln", wickelte ich mich ein, verwickelte mich zum Teil sogar. In ihm fand ich jene Sicherheit, die mir den nötigen Halt gab, alle Situationen allein meistern zu können. Und davon sollten noch jede Menge auf mich zukommen. Typische Gedankengänge waren: „Peter ist jetzt zurecht böse auf mich. Ich war nicht nett zu ihm und hätte ihm anders helfen sollen. Mutti ging es heute nicht gut und ich habe sie verärgert. Ich bin wirklich zu nichts nutze."

So ein Kokon ist eine prima Sache, man kann sich darin zurückziehen, gerät in keinerlei Abhängigkeit wenn man sich hätte helfen lassen können und kann sich in ihm sogar als Märtyrerin gut fühlen. So ist es eben, damals war ich überzeugt davon, dass ich es nicht anders verdient hätte und habe mich gefügt...

4

Das Abitur, die Lehre und das Studium

Die Schule meisterte ich ohne allzu große Anstrengung. Nebenbei lernte ich Standardtänze bei einer Tanzschule. Die älteren Jungen, die dort aushalfen - es gab immer zu viele junge Frauen, die tanzen lernen wollten - waren für mich gefühlt unerreichbar. Warum sollte ausgerechnet ich sie interessieren? Zudem bin ich überdurchschnittlich groß gewesen, überragte einige der Jungen körperlich, weshalb ich meine Schultern oft nach vorn zog, um kleiner zu wirken, was, wenig verwunderlich, nicht klappte. Insgeheim hatte ich den einen oder anderen Schwarm, teilte das jedoch nicht einmal mit meinen Freundinnen. Ich fühlte mich ihnen immer unterlegen.

Im letzten Abi-Jahr kam ich mit einem Klassenkameraden zusammen, der sich sehr um mich bemühte. Wir führten eine gute Beziehung, ich dachte, ich hätte den Mann fürs Leben gefunden, und alles könnte jetzt geordnet und geregelt weiterlaufen. Ich wollte heiraten, ein Haus bauen,

Kinder groß ziehen. Genau das wollte er jedoch nicht! Er wollte sich nicht festlegen, sondern in den Tag hinein leben und das Leben genießen, so wie es kam, ohne irgendwelche festen Strukturen. Und so war es nicht verwunderlich, das er sich von mir nach drei Jahren trennte. Es dauerte Monate, bis ich mich vom Liebeskummer erholt hatte. Und aus heutiger Sicht wäre diese Beziehung früher oder später auf jeden Fall gescheitert, es passt schon nicht, wenn ein Mensch ein Frühaufsteher und der andere eine Nachteule ist.

Zurückblickend frage ich mich heute, ob er mich wirklich geliebt hat? Das, was mir wichtig war, war ihm nicht wichtig. Beispielsweise sind wir beide auf dem Abitur-Foto nicht abgebildet, weil ich mich darauf verlassen hatte, dass ich von meinem Freund pünktlich abgeholt werde. Er hatte mir als ewiger „Zu-Spät-Kommer" fest versprochen rechtzeitig bei mir zu sein, so dass wir früh genug zum Fototermin mit unserem Abschlussjahrgang an der Schule sind. Er hielt sich nicht an sein Versprechen. Also kamen wir zu spät. Das Foto-Shooting hatte bereits ohne uns stattgefunden. Pünktlichkeit und Zuverlässigkeit waren und sind für mich wichtige Werte. Sollte nicht jemand, der mich liebt, das wissen und aus Liebe heraus alles dafür tun? Wie gesagt, das ist meine heutige Sicht.

Durch dieses Ereignis wurde mein Empfinden, nicht wichtig zu sein (Was macht es schon aus, nicht auf dem einmaligen Abi-Foto zu sein?), und mein Glaubenssatz: „Es ist alles nicht so schlimm!" deutlich verstärkt. Die Gefühle der Trauer („Ich bin nicht auf dem Foto") und der Wut

(„Mein Freund hat mich trotz Versprechens versetzt!") hatte ich nicht zugelassen, sondern tief in mir vergraben und damit unterdrückt.

Damals hatten wir viel Spaß zusammen und waren mit dem VW-Bus unterwegs, bereisten andere europäische Länder und genossen die Freiheit. Dieses Gefühl der Freiheit war sicherlich eine erste Frucht, die ich sinnbildlich als kleine Raupe fraß, um mich weiter zu entwickeln.

Nach dem Abitur absolvierte ich eine kaufmännische Ausbildung. Es war doch gut, etwas „Solides" zu lernen. Ein Studium für meinen Traumberuf Lehrerin konnte ich, wenn ich wollte, auch danach noch absolvieren. Als Lehrerin wäre ich dann verbeamtet und abgesichert.

Während meiner Lehre traf ich auf Menschen, die mich unterstützten, mich forderten und förderten. Diese zwei Jahre in verschiedenen Abteilungen bei einem mittelständischen Unternehmen machten mir richtig Freude. Ich hatte sehr viel Spaß an und mit dem, was ich tat. Mein Selbstvertrauen wurde aufgebaut. Die Leiter sprachen mit mir, ich lernte sehr viel und wurde vor allem als Mensch wahrgenommen. Insbesondere der technische Einkauf und die Marktforschung gefielen mir. Meine Zeugnisse waren auch hier durchweg gut, teilweise bekam ich aus einzelnen Abteilungen sogar sehr gute Bewertungen, wurde beachtet und war anerkannt, als Fräulein Hero - Fräulein - heutzutage undenkbar. Für mein Selbstwertgefühl war das eine sehr wichtige Zeit.

In dieser Zeit hatte ich eine Beziehung zu einem verheirateten, getrennt lebenden Mann, mit dem ich stundenlang reden konnte. Ich merkte, dass mir dieser Austausch über ganz persönliche Ansichten, wildes Philosophieren über den Sinn des Lebens, über das Gute oder auch Schlechte im Menschen gut tat und Vergnügen bereitete. Es war eine wohltuende unbekümmerte Freundschaft. Hier war jemand, der mir zuhörte und mir das Gefühl gab, das, was ich denke und sage ist auch für andere Menschen interessant. Wir trafen uns heimlich. Wochen später trennte sich seine Frau von ihm, und ich war voller Hoffnung, dass sich nun eine gute Beziehung entwickeln würde. Nun hatte ich einen Freund, der sich um mich kümmerte, sich Gedanken machte und daran interessiert war, dass es mir gut geht und ich mich wohl fühle.

Das zeigte sich, als mir die Weisheitszähne gezogen wurden. Er kam für eine halbe Stunde vorbei, bei zwei Stunden Fahrtweg, nur um sich zu vergewissern, dass es mir gut ging Er brachte mir Brei zum Essen, da ich nicht kauen konnte (das Ziehen der Weisheitszähne war mit einem starken Wundschmerz verbunden, und man konnte seinen Mund nicht weit öffnen, daher war der Brei eine hilfreiche Idee). Das hat mich tief berührt. Von diesem Mann bekam ich mein erstes Telegramm, und es folgten noch einige weitere. Ich war total verliebt. Nur leider entschied sich seine Frau dazu, um ihre Ehe zu kämpfen, wozu er sich bereit erklärte. Das war das Ende von einigen wirklich schönen Monaten.

Ich lernte Segeln und segelte viele Regatten. Mehrmals wöchentlich trafen wir uns zum Training. Bald hatte ich als Vorschote einen festen Steuermann, und wir waren ein sehr gutes Team, gewannen oft die Rennen. Mich in den Wind zu hängen, zu spüren, wie er bläst und wie man sich optimal ins Trapez hängt, um das Boot möglichst schnell werden zu lassen, löste in mir ein Gefühl von Leichtigkeit aus. Während der Zeit verbrachte ich Urlaube ausschließlich am Meer. Schwimmen und Segeln waren meine Leidenschaft geworden. Dem Wind und den Wellen konnte man sich einfach so hingeben. Hier war ich frei, musste mich keinen äußeren Umständen oder Strukturen unterordnen.

Nebenbei habe ich über Jahre hinweg Nachhilfe gegeben und Schulpraktika absolviert. Mir brachte das „Unterrichten" immer Freude. Womit ich jedoch Schwierigkeiten hatte, war, dass manche Eltern sehr ungerecht gegenüber ihren Kindern sind. Für eine „4" Stubenarrest zu bekommen, fand ich furchtbar, und ich habe dies bei meinen Nachhilfeschülern oft erlebt. Es dauert eben, bis Kinder von einer Note „5" auf eine Note „3" kommen. Es gibt auch Kinder, die trotz Nachhilfe keine Mathe-Genies werden können. Das jedoch akzeptierten einige Eltern nicht. Dies gilt heutzutage wahrscheinlich immer noch und ist der Grund für mich gewesen, mich doch meinen technischen Fähigkeiten zu widmen und mich nicht dem Lehramt mit all seinen Sicherheiten hinzugeben.

Nach meiner Lehre zog ich wieder einmal um, nach München, möglichst weit weg von zu Hause, um Elektrotechnik zu studieren. Ich konzentrierte mich mehr auf die technisch, logische, sichere, weil berechenbare Seite. Wobei mir der psychologisch-philosophische Aspekt, mit dem ich mich seit meiner Jugend beschäftigt habe, fehlte.

So wie im Abitur (Leistungsfächer Mathematik und Chemie), war ich auch dieses Mal wieder überwiegend mit Männern zusammen. Es gab viele fachliche Gespräche, die persönlichen Beziehungen waren eher sachlich und basierten auf Zahlen, Daten und Fakten - also etwas Handfestem - „richtig oder falsch". Dies kam mir als einem Menschen, der gut funktionieren kann, perfektionistisch veranlagt und gut organisiert ist, sehr entgegen.

Vielleicht war dies eine Art Selbstschutz, über Gefühle und das damit verbundene Gefühlschaos brauchte ich mich nicht mehr auszutauschen, konnte nicht mehr verletzt werden, zog mich wieder einmal in meinen Kokon zurück. In meinem Rückzugsort grübelte ich, wie immer, viel über den Tag, das hatte sich nicht geändert. Gedanken wie: „das hättest du aber auch anders sagen können" oder „in der Situation hättest du noch hilfsbereiter sein können" waren üblich. Mir ist nie die Idee gekommen, wie stolz ich auf mich sein kann. Es ist nicht selbstverständlich ein Ingenieurstudium zu absolvieren.

In München lernte ich einen Mann kennen, mit dem ich drei Jahre lang in einer Wohngemeinschaft zusammen lebte. Wir hatten eine prima Zeit, und wir unterstützten uns gegenseitig im Studium, er war der Praktiker, und ich konnte und kann (in einem Assessment-Center wurde diese Fähigkeit einmal als "intergalaktisch gut" bewertet) logisch-analytisch sehr gut denken und rechnen, Grundlage für alle ingenieurtechnischen Berechnungen.

Durch meinen Freund lernte ich das Skifahren. Das war großartig. Wir verbrachten ganze Semester- und Weihnachtsferien in den Bergen. Vier Wochen Skilaufen im Jahr war keine Seltenheit und zusätzlich diverse Wochenendausflüge. Heute bin ich richtig stolz darauf, die Buckelpisten mit den anderen gefahren zu sein, ohne dass ich räumlich sehen kann. Die Buckel konnte ich nie im vornherein erkennen. Beim Skilaufen fühlte ich mich frei, ungebunden. Locker den Berg hinunterzufahren, Kurzschwünge zu machen oder der frisch gezogenen Pistenraupenspur zu folgen war toll. Oben auf dem Berggipfel am Gipfelkreuz zu stehen, dem Himmel so nah zu sein und die grandiose Landschaft zu genießen, erfüllte mich mit tiefster Zufriedenheit.

Gleichzeitig machte mir mein mangelndes Selbstvertrauen zu schaffen. Mein Freund war ein sehr guter Surfer und wollte es mir beibringen, doch ich hatte Angst davor. Mein innerer Kritiker tanzte oft auf meiner Schulter herum und flötete mir ins Ohr, dass ich es nicht schaffen würde auf dem Board stehen zu bleiben und das Segel zu halten. Somit probierte ich es gar nicht erst aus.

Mein Freund hatte für sich allerdings klar definierte Prioritäten: zuerst er, dann sein Studium, danach seine Freunde und sein Sport und ganz zum Schluß kam ich! Als ich mit einer Freundin im Urlaub in Spanien am Meer saß, führten wir intensive Gespräche. Sie ist bis heute eine tolle

Freundin, die mich gut spiegelt und immer für mich da ist. Sie war es, die mir dort im Sonnenuntergang die Frage stellte, wie ich mich damit fühlte, bei meinem Freund erst an letzter Stelle zu kommen? Ob ich da nicht einen anderen Anspruch hätte? Denn in einer Partnerschaft könne ich eine andere Erwartungshaltung haben.

Darüber hatte ich tatsächlich noch nie nachgedacht und die Gegebenheiten immer hingenommen. Ohne diesen wichtigen Impuls hätte ich mich selbst gar nicht hinterfragt. Ich hatte es nicht kennengelernt wichtig zu sein. Daher berührte mich die Priorisierung meines Freundes nicht, die Gefühle hatte ich, wie stets, tief in mir verschlossen. Es dauerte eine ganze Weile bevor ich mir selbst meine eigene Wichtigkeit eingestand und mich konsequenterweise trennte.

In der Zeit fand ich für mich viel Ausgleich im Sport und in der Natur. Ich segelte wieder, joggte regelmäßig, fuhr Rennrad und spielte Beachvolleyball.

Die Studienzeit war großartig, man hat so viel Entscheidungsspielräume, kann sich ausprobieren. Ich hatte feste Jobs, um mir mein Studium zu finanzieren. Meine Ausbildung war dafür sehr hilfreich. Oft arbeitete ich bei Zeitarbeitsfirmen, lernte dadurch verschiedene Unternehmen kennen und hatte einen festen Job an der Uni bei einem Professor, für den ich die Praktikantenberichte bearbeitete und seine umfangreiche Bibliothek verwaltete.

Neben meinem Studium finanzierte ich mir auf diese Weise meine vielen Reisen. So viel freie selbstbestimmte Zeit, habe ich seitdem nicht mehr erlebt, jederzeit konnte ich entscheiden ob, wann, wo und wie viel ich arbeiten/reisen/jobben wollte.

Mein Professor fragte mich, ob ich nicht promovieren und wissenschaftlich tätig sein wolle. Er hielt große Stücke auf mich und gab mir auch einige Forschungsaufgaben, die ich zu seiner vollsten Zufriedenheit löste. Mein Professor hat mich mehrmals gefragt, ob ich nicht an seinem Lehrstuhl promovieren wolle. Ich habe mir das nicht zugetraut! Wenngleich mir die Forschungstätigkeit gefallen hatte. Von meinem Professor habe ich ein Zeugnis bekommen, dass ich mir heutzutage immer noch gern durchlese. Damals konnte ich es für mich gar nicht annehmen. Im Nachhinein finde ich es schade, dass ich das nicht gemacht habe, da mir die Arbeit am Lehrstuhl so viel Freude bereitet hatte, und auch mein Bedürfnis nach geistiger Herausforderung und Beschäftigung erfüllt worden wäre. Ich hätte mir das seinerzeit niemals zugetraut, sondern vertraute mich lieber meinem sicheren Kokon an, statt einmal herauszugehen und mich zu zeigen. Folgende Gedanken beherrschten mich seinerzeit: „das kann mein Professor doch nicht Ernst meinen", „das Zeugnis hat er nur aus Freundlichkeit so ausgestellt", „eine Doktorarbeit werde ich nicht schreiben können, da irrt er sich", „ich bin es gar nicht wert...".

Während der Studienzeit lernte ich viele interessante Menschen kennen, unter anderem auch eine meiner besten Freundinnen. Wir wohnten eine Zeitlang zusammen, und ich habe sehr schöne Erinnerungen an die vielen gemeinsamen Erlebnisse. Mein abendliches Grübeln im Bett ließ etwas nach, ich hatte teilweise sehr erfüllende Tage und war sogar manchmal zufrieden mit mir.

Dann kam ich erneut mit einem sehr gestörten Mann zusammen. Dieser verwöhnte mich am Anfang brachte mir wöchentlich Blumen mit, lud mich zum Essen ein oder in die Oper. Dies änderte sich jedoch schlagartig, als ich zu ihm zog und meine eigene Wohnung aufgab. Er nutzte mich nach Strich und Faden aus und verbot mir sogar in seiner Wohnung zu telefonieren. Und ich ließ mir alles gefallen. Einmal sperrte er mich auf dem Balkon aus, ein anderes Mal fuhr er allein mit dem Auto vom Parkplatz weiter, weil ich irgendetwas Falsches gesagt hatte und holte mich dann später wieder ab.

Als ich für zwei Monate für eine Fortbildung nach Hessen zog, verlangte er eine zusätzliche Miete für meine noch bei ihm in der Wohnung stehenden zwei Schränke. Und ich zahlte. Während dieser zwei Monate wurde mir jedoch klar, dass ich zu dem Mann nicht mehr zurück gehen würde. In meinem Kokon zurückgezogen liess ich gelegentlich Gefühlsregungen zu, und diese Beziehung fühlte sich gar nicht gut an. Ich spürte, dass ich ausgenutzt wurde, das war ein kleiner Schritt in die Freiheit. Meine Freundin sprach mir glücklicherweise ebenfalls ins Gewissen und half mir in einer sehr spontanen Aktion meine Sachen aus seiner Wohnung zu holen und mir wieder eine eigene Wohnung zu suchen.

Ich fand eine sehr schöne einfach ausgestattete 2-Zimmer-Wohnung, mit einem uralten Badezimmer - vielleicht kennt der eine oder andere noch den großen Boiler, der über der Badewanne hing, und an dem man sich so leicht verletzen konnte und die Toilettenspülung, bei der die Kette zum Auslösen der Spülung an der Seite angebracht war? Der Vorteil war, dass der Spülkasten außen und nicht unter Putz war, so dass ich selbst den Schwimmer tauschen konnte, als die Spülung nicht mehr funktionierte - (danke Papa).

In meinen eigenen vier Wänden fühlte ich mich wohl, richtete sie mir ganz nach meinen Vorstellungen und finanziellem Budget ein und spürte wieder Kraft in mir. Es war mir egal, wenn Freunde meinen knalligen blauen Teppich mit den Worten „bewunderten", „wenn man so einen Teppich in der Wohnung hat, dann spart man sich den Psychiater". Ich wollte noch viel Reisen und Entdecken, Ausprobieren, Menschen unterschiedlicher Kultur kennenlernen.

Mittlerweile hatte ich als Diplom-Ingenieurin einen guten, herausfordernden Job gefunden - wieder in einer reinen Männerwelt! Durch die Kundenbetreuung, die weltweit stattfand, machte ich zahlreiche Dienstreisen ins Ausland. Das war klasse!. Dies passte gut mit meinen Interessen, neue Menschen, Kulturen und Länder kennenzulernen, zusammen. Teilweise war ich jährlich in sieben unterschiedlichen Ländern unterwegs. Ich spielte wieder Volleyball und schwamm ein- oder zweimal wöchentlich 1000 bis 1500m. Dadurch war ich körperlich fit und bekam meinen Kopf nach dem Büroalltag frei.

Mein allabendliches Grübeln und meine starken Schuldgefühle zeigten sich allerdings auch in dieser Zeit immer
einmal wieder in ziemlich ungewöhnlichem (aus der jetzi-
gen Perspektive betrachtend) Verhalten.

Beispielsweise bin ich mit einem Freund in den Urlaub
gefahren. Wir fuhren mit seinem Auto und seiner Dachbox,
die er selbst am Morgen der Abfahrt aufbaute und belud.
Am Hotel angekommen, wurde uns ein Stellplatz in der
Tiefgarage zugewiesen. Wir fuhren also in die Garage als es
plötzlich laut knallte - die Dachbox!!! Wir hatten beide nicht
mehr daran gedacht. Mein Freund, der am Steuer saß, war
sehr wütend. Ich entschuldigte mich bei ihm dafür, dass ich
ihm nicht Bescheid gesagt hatte, dass die Dachbox auf dem
Auto war. Wieder einmal fühlte ich mich sehr schlecht und
schuldig.

Es gibt noch viele weitere Beispiele für mein absurdes
Verhalten. Zwei weitere möchte ich hier noch erwähnen:

Einer meiner Freunde lieh sich mein Auto aus und konnte leider nicht besonders gut einparken, überhaupt konnte
er nicht gut Auto fahren. Es ist doof, wenn man nicht
„Nein" sagen kann, dann verleiht man sogar sein Auto an
Menschen, von denen man weiß, dass sie nicht fahren können. Jedenfalls bekam ich mein Auto mit einer großen Delle
im linken Kotflügel und den Worten „das Auto sei sehr un-
übersichtlich" zurück. Der Freund hatte einen Pfeiler über-
sehen. Und obwohl ich überhaupt nicht dabei gewesen bin,
entschuldigte ich mich dafür! Ich meldete den Schaden
meiner! Autoversicherung, die mich prompt hoch stufte.

48

Das Auto ließ ich reparieren und zahlte auch die Reparatur. Der Freund hat den Schaden nicht beglichen und sich nicht einmal entschuldigt.

Saß ich mit meiner Familie oder Freunden gemeinsam beim Essen, und es fehlte etwas, so entschuldigte ich mich grundsätzlich, sprang auf und holte das, was **„ich"** vergessen hatte, auch wenn andere den Tisch gedeckt hatten oder ich das, was fehlte, gar nicht brauchte.

Es ist traurig, dass ich erst etliche Jahre später in der Lage war, und dies auch nur mit Hilfe einer Therapeutin, über meine Vergangenheit zu reflektieren. Mein Verhalten, z.B. die Schuld für andere zu übernehmen, war immer selbstverständlich für mich. So hatte ich es kennengelernt. Im Allgemeinen lernt man aber für seine Fehler selbst einzustehen. Durch mein seit frühester Kindheit antrainiertes Verhalten, erleichterte ich allen Mitmenschen in meiner Umgebung des Leben. Mich selbst vergaß ich dabei, ging mit mir nicht so gut um.

In meinem Kokon fühlte ich mich sicher. Das war der Ort, an dem ich in Ruhe nachdenken, reflektieren und mir selbst Mut machen konnte. Schließlich war doch alles gar nicht so schlimm. Wie oft dachte ich auch, dass ich es einfach nicht besser verdient hätte, ich es nicht wert sei. Der Glaube an mich fehlte. Ich fühlte meine Würde nicht und ließ mich deshalb respektlos behandeln. Selbst das Überreichen des Diploms durch den Universitätspräsidenten löste keinen Stolz oder Glücksgefühle in mir aus.

Durch den Zuspruch meiner Freunde und der Professoren an der Universität fing gleichzeitig etwas an in mir zu wachsen. Der zarte Gedanke, dass ich es doch wert bin. Daher schlüpfte ich manchmal vorsichtig aus meinem Kokon heraus und nahm Erfahrungen mit mir wohlgesonnenen Menschen auf, so wie die kleine Raupe das Essen fraß und wachsen konnte.

5

Die Hochzeit und die Kinder

Und dann traf ich ihn, einen smarten sportlichen Mann mit einem netten ausländischen Akzent. Er war sehr höflich, aufmerksam, brachte mir kleine Geschenke mit, kochte für mich, und schrieb mir freundlich-aufmunternde Karten. Wir teilten die Freude am Reisen. Irgendwann fingen meine Freundinnen an zu heiraten und ich hatte das Gefühl, ich müsse jetzt auch einmal heiraten, sonst würde mich sicher keiner mehr nehmen; mein Selbstwertgefühl war nach wie vor sehr niedrig. Und ich war froh, wenn ich mich zurückziehen konnte in meinen sicheren Kokon, ging Streitereien aus dem Weg und wollte einfach ein harmonisches Leben mit einem tollen Mann an meiner Seite führen. Gedanken wie: „du musst auch einmal nachgeben, es ist alles nicht so schlimm" oder „mache aus einer Mücke keinen Elefanten" konnten aufkommende ungute Gefühle gut im Zaum halten.

Die Zeit, mich selbst zu hinterfragen und zu schauen, ob sich diese Verbindung richtig anfühlte, nahm ich mir nicht. Vermutlich hätte ich damals gar nicht gewußt, wie das eigentlich geht mit dem „In-Sich-Hinein-Spüren". Eigentlich wollte ich nämlich noch nicht heiraten, aber ich wollte unbedingt dazu gehören, hatte auch Angst keinen Mann mehr abzubekommen. Und mit diesem charmanten Mann konnte doch nichts schief laufen, so dachte ich.

Also nahm ich nach einigen Wochen (!!!) Bedenkzeit den romantischen Heiratsantrag an. Und wir hatten eine ganz besondere Hochzeitsfeier bis in den frühen Morgen hinein, tanzten, spielten die klassischen Hochzeitsspiele und hatten hervorragendes Essen. Mein Gefühl allerdings war so, als ob ich einen Film anschauen würde. Ich habe mich selbst gar nicht wahrgenommen und war extrem kritisch mit mir. Es war für mich keine entspannte ausgelassene Feier. Selbst der Tanz mit meinem Vater war angespannt. Meine Mutter trug ein rotes Kleid und spielte sich dadurch, wieder einmal, in den Vordergrund und das auf **meiner** Hochzeit.

Nach der Hochzeit habe ich begonnen, mein funktionelles Dasein zu optimieren. Wie organisiere ich den Tagesablauf so, dass alle Bedürfnisse der anderen befriedigt werden können?

Die Geburten der Kinder in den nächsten Jahren waren ein Geschenk. Kinder sind so großartig, mit ihnen lässt sich die Welt neu entdecken. Sie halten einem den Spiegel immer wieder vor. Die Entwicklung von Kindern begleiten zu können ist grandios und dafür bin ich bis heute zutiefst dankbar.

Und ich konnte wieder kreativ sein, spielte, malte und bastelte mit ihnen. Aus einem Windelkarton bastelte ich einen Herd. Über Jahre hinweg war dies eines der beliebtesten Spielzeuge. Ich fragte mich, ob ich nicht doch Lehrerin hätte werden sollen. Mir macht es so viel Freude, mein Wissen weiterzugeben und andere Menschen in ihrer Entwicklung zu unterstützen. Komplexe Sachverhalte kindgerecht darzustellen war für mich reizvoll und erfüllend. Wie kann man Kindern die Welt nahe bringen? Wie erweckt und erhält man die Freude am Lernen? Wie kann man Kindern ihre Ängste nehmen oder sie darin auffangen?

Auch die Freunde meiner Kinder kamen gern zu Besuch und erzählten, was sie Tolles bei uns erlebt hätten, so berichteten mir die Mütter oft nach den Treffen. Aus ganz einfachen Mitteln lässt sich Vieles gestalten. Ich liebte es den Kindern vorzulesen oder ihnen abends zum Schlafengehen selbst ausgedachte Geschichten zu erzählen. So manches Mal schliefen sie dabei direkt ein. Und wer schon einmal ein unruhiges unglückliches Kind allein durch eine Erzählung in den Schlaf „gesprochen und beruhigt" hat, weiß, welch ein tiefes Gefühl dies im Herzen auslöst.

Jeden Abend lag ich grübelnd im Bett, hinterfragte mich selbst und hatte eigentlich immer ein schlechtes Gewissen, war sicher, alles falsch gemacht zu haben und alles hätte besser machen können. Ich dachte: „Hast du eigentlich die Emails deiner Mannes aufmerksam genug gelesen, er spricht noch nicht so fließend deutsch, da musst du dich eben mehr einbringen". „Der Flur ist noch immer nicht aufgeräumt. Du musst dir die Sachen aufschreiben, sonst vergisst du wieder die Hälfte." „Du hast deine Mutter nicht angerufen." „Vielleicht hättest du dir für Maria doch mehr Zeit nehmen müssen."

Selten hatte ich diese Zufriedenheit mit mir im Reinen zu sein und mich selbst einmal positiv zu sehen.

Wichtiger Schutz für mich war mein eng um mich geschnürter Kokon. Zwischendurch hatte ich mich sogar manches Mal weit herausgewagt, um dann jedoch auch wieder schnell zurückgehen zu können, wenn es zu unsicher wurde. Meine Flügel hatte ich schon gar nicht ausgebreitet, das hieße ja, den Kokon aufzugeben. Davor hatte ich viel zu viel Angst. Jetzt hatte ich auch eine Herausforderung in der Perfektion des funktionierenden Alltags gefunden.

Die Nahrung für die kleine Raupe wurde vielfältiger durch die Erlebnisse mit meinen Kindern. Ich fühlte mich nützlich und fähig, fand etwas mehr Selbstvertrauen. Das Grübeln innerhalb meines Kokons fand weiterhin statt, drehte sich nun mehr um die Frage, ob ich eine gute Mutter sei. Daran habe ich nicht so gezweifelt wie an den Fähigkeiten in mich als Mensch. Die Entwicklung der Kinder zu begleiten, wieder kreativ zu sein, stärkte mich.

6

Die Ehe

Nach fünf Jahren Ehe und drei Jahren hundertprozentiger Elternzeit fühlte ich, dass ich unglücklich war, nur noch funktionierte und mich selbst komplett vergaß. Das Zusammensein mit den Kindern, die Aktivitäten, Gestaltung von Geburtstagen oder Treffen mit anderen Familien hat mir immer Vergnügen bereitet. Und das, was man durch Kinder lernen kann, ist mit nichts anderem vergleichbar.

Meine kindliche Neugierde habe ich mir erhalten und immer den Mut gehabt etwas auszuprobieren, eigene Ideen zu entwickeln und umzusetzen und aus dem „Nichts" ein Spiel zu machen. Beispielsweise indem wir Muscheln am Strand als Autos benutzten oder uns große Sandboote bauten , die wir dann besonders ausstatteten. Oder Pappschachteln so gestalten, dass wunderbare Landschaften entstehen.

Eine Freundin von mir trennte sich in der Zeit von ihrem Mann, was sehr traurig war. Ich bekam sehr viel von beiden mit, da mir sowohl meine Freundin als auch ihr Mann vertrauten und mir ihr Herz ausschütteten. So eine Trennung ist für alle Beteiligten sehr schmerzhaft. Noch schmerzhafter wird es, wenn Kinder mit betroffen sind. Und ich sah, wie traurig die beiden Kleinen waren, die noch nicht einmal den Kindergarten besuchten, und mir viele Fragen stellten.

Andererseits beneidete ich meine Freundin um ihren Mut und wäre gern auch gegangen. Das traute ich mich nicht. Ich führte doch, von Außen betrachtet, und nach den gesellschaftlichen Normen ein wirklich gutes Leben. Eine absolut heile Welt, wie sie einem auch in der Werbung vorgegaukelt und von der Gesellschaft unterstützt wird. Und was sich tatsächlich hinter den vier Wänden abspielt interessiert oftmals gar nicht wirklich.

Wir fuhren vier Mal im Jahr in den Urlaub, wohnten mitten in der Natur, hatten ein schönes großes Haus, zwei Autos, die Kinder trugen Markenjacken, was andere Mütter im Kindergarten gern kommentierten, hatten keine Geldnot (aus der Sicht meines Ehemannes stellte sich das ganz anders dar).

Das alles ließ mich dazu verführen zu glauben, dass es mir gut ginge und ich dankbar sein sollte mit dem, was ich habe und was ist. Ich lebte ein Leben, das in der Gesellschaft anerkannt war, daher lag es an mir mich anzupassen. Diese Anpassung an das Äußere unter zu Hilfenahme meiner Glaubenssätze führte unbewußt dazu, dass ich mich noch kleiner, unbedeutender fühlte. Denn: „du siehst doch, wie gut alles ist, also hinterfrage nicht mehr" war ein Gedanke, den ich annahm, obwohl ich etwas anderes spürte, was ich jedoch unterdrückte. In mich hineingefühlt und mir die Zeit für mich und meine Bedürfnisse genommen, habe ich damals nicht. Ich funktionierte für die anderen und versuchte deren Bedürfnisse zu erkennen und zu erfüllen. Da ich meinen Gefühlen sowieso nicht vertraute, verließ ich mich auf das, was mir von Außen eingeredet wurde.

Dass dieses Einreden jedoch nicht funktioniert, spürte ich leidvoll Jahre danach. Ein eindeutiges Indiz gab es allerdings damals schon: ich brach körperlich zusammen und musste ins Krankenhaus, wurde wieder aufgepäppelt und...machte weiter wie bisher.

Im Krankenhaus wurde eine Autoimmunkrankheit, Hashimoto Thyreoditis, festgestellt, die ich nun nicht mehr ignorieren konnte. Regelmäßig nahm ich Arzttermine war, ließ mir durch einen Heilpraktiker helfen und machte ausgewählte Übungen, die helfen sollten, die Antikörperproduktion, die sich gegen die Schilddrüse richtete, zu reduzieren. Durch die körperlichen Übungen und eine Ernährungsumstellung schaffte ich es über die Jahre auch, den Krankheitsverlauf positiv zu beeinflussen.

Weitere zwei Jahre später, fing ich wieder an zu arbeiten, in Teilzeit. Es machte mir Spaß aus dem täglichen Haushalt herauszukommen, andere Menschen kennenzulernen, im Berufsalltag gebraucht zu werden, geistig wieder ganz anders gefordert zu werden und vor allem wieder mein eigenes Geld zu verdienen. Zudem konnte ich für meine Kinder da sein, mit ihnen weiterhin die Welt entdecken.

Mehrmals habe ich die Kinder nach der Schule/Kindergarten abgeholt und bin mit ihnen an die See, in den Tierpark, zum Spielplatz oder in die Stadt gefahren. Schneite es und lag etwas Schnee, so habe ich direkt den Schlitten eingepackt. Das Leben ist ein großes Abenteuer und das wollte ich meinen Kindern gern vermitteln.

Im Job konnte ich zeigen, was in mir steckt und wieviel Wissen ich habe, insbesondere das Zwischenmenschliche lag mir am Herzen. Mit meiner Empathie kam ich mit den Kollegen gut zurecht. Mein Selbstvertrauen stieg, ich machte Fortbildungen und besuchte Yoga-Kurse, joggte regelmäßig und schwamm wöchentlich meine Bahnen. Gleichzeitig arbeitete ich weiter an mir, besuchte Rhetorik-Kurse, Sprechtechnik-Seminare und Kommunikations- und Resilienztrainings, um immer besser zu werden, Anerkennung zu bekommen.

Während einer Yoga-Stunde stand ich in der sogenannten Haltung des Tänzers, die anmutig fliessend sein sollte und stellte fest, dass mich etwas drückt, ich gar nicht so leicht und ausdrucksstark tanzen konnte. Mein Ehemann „drückte" mich. Das gab mir einen weiteren Denkanstoß dahingehend, dass mein Leben in sich nicht stimmig war. Meinen Ehemann empfand ich als Last, als ein weiteres und dabei anstrengendstes Kind. Er redete mir ein, dass ich ein Leben im Luxus führte und er mich verwöhnen würde. Das nahm ich so hin, obwohl meine Wahrnehmung eine ganz andere war. Ich traute nur meinen eigenen Gefühlen noch nicht. Mein Leben mit den Kindern und dem Job war toll. Zeiten allein mit meinem Ehemann vermied ich, es fühlte sich so schwer an, und ich konnte es nicht begründen, nicht verstehen, also war ich falsch.

Auch mein Vater sprach mich während eines Besuchs an, er habe den Eindruck, dass ich nicht glücklich wäre. Dies tat ich ab mit den Worten, dass es eben sehr stressig mit Job und allem anderen sei. Zudem hielte ich meinem Mann den Rücken für seine Arbeit komplett frei.

Zeitgleich fing mein Mann an, noch mehr Zeit von mir einzufordern. Zugesagte Kinderbetreuung sagte er ab, einen weiteren Sportkurs könne ich nicht mehr besuchen, da das Geld fehlen würde. Er hielt sich nicht an Abmachungen, die mich immer wieder in Bedrängnis bei Verabredungen mit Freunden oder Kollegen oder Einladungen zu betrieblichen Feiern brachten. Im Betrieb isolierte ich mich dadurch von einigen Kollegen. Diverse Geburtstagseinladungen von Freunden habe ich kurzfristig abgesagt, bis ich von einigen nicht mehr eingeladen wurde. Ich würde ja sowieso nicht kommen.

Hierdurch isolierte ich mich privat. Regelmäßig hatte ich nur noch zu wenigen Freundinnen Kontakt. Zudem suggerierte mir mein Ehemann, dass ich ohne ihn nicht so ein gutes Leben führen könnte, er habe alles für uns gemacht, habe immer das Geld verdient, er sei glücklich. Mir kam damals nicht der Gedanke, wie es mir ging, war ich eigentlich glücklich?

Zu dieser Zeit lernte ich einen Mann kennen, der sich für mich und meine Gefühle interessierte, mich beruflich in meinem Weiterkommen förderte und unterstützte. Wir führten viele interessante Gespräche, und dieser Austausch war sehr wohltuend für mich. Dieser Mann glaubte an mich und schaffte es in meinen Kokon zu schlüpfen. Langsam öffnete ich mich ein wenig und sprach über meine Ängste. Da war jemand, dem ich vertraute, der humorvoll, technisch interessiert und kreativ war und noch immer ist.

„Das Leben läuft nicht immer so wie du es dir vorstellst. Manchmal verlierst du die Kontrolle. Du weißt, was richtig ist und du machst es trotzdem falsch. Du weißt, wen du liebst, und du tust ihm trotzdem weh. Du weißt, dass du vom Weg abgekommen bist, und trotzdem läufst du weiter. Manchmal sind die Menschen, die uns retten die, von denen wir es am wenigsten erwarten. Du merkst es zuerst nicht, aber wenn sie in dein Leben treten, dann wird alles anders und nichts ist dann mehr so, wie es mal war.....

In jedem Leben gibt es einen Punkt, an dem du dich ent-scheiden musst. Zwischen dem, was du brauchst und dem, was du willst.

Und wenn du Glück hast, dann findest du den Menschen, der dich rettet und alles ändert."

Matthias Schweighöfer in „Der Nanny"

Und so sollte es kommen...

7

Die Trennung

Bei einem Yoga-Intensiv-Wochenende spürte ich ganz viel Leichtigkeit in mir, und beschloss, dass die Zeit für eine Trennung gekommen ist. Ich wollte nicht mehr **nur** funktionieren, zwischen allen Menschen hin- und hergerissen sein und mich selbst dabei komplett verlieren. Was ich im Nachhinein betrachtet bereits in jeglicher Hinsicht getan hatte. Ich glaubte nicht an mich selbst, empfand mich nicht als hübsch oder schön, war sehr perfektionistisch und ungeduldig mit mir selbst, konnte es mir selbst nie recht machen.

Andererseits empfand ich auch eine Schwere in der Beziehung zu meinem Ehemann, die ich nicht mehr ertragen konnte. Ich hatte öfter mit ihm gesprochen, dass ich auch meine Freiräume brauche und meinen Sport. Er liess sich darauf nicht ein, sagte, dass er das Geld verdiene und er daher seine Freizeit mehr brauche. Ich fühlte mich wieder einmal nicht verstanden, allein, wollte mich dem nicht mehr fügen. Es kostete mich so viel Kraft nur für die anderen zu sorgen, am meisten Energie saugte mein Ehemann.

Ich fühlte mich oft sehr erschöpft und mir wurde bewußt, dass es nur eine Frage der Zeit wäre, dass ich nochmals zusammenbrechen würde, wenn sich jetzt nicht etwas ändert. Ich vergaß mich selbst zugunsten meines Ehemannes und das wollte ich nicht mehr zulassen. Allerdings fand ich in meinem Gegenüber überhaupt keine Offenheit oder ein Entgegenkommen, womit ich hätte leben können.

Im Grunde ist es entscheidend sich selbst wertzuschätzen und anzunehmen wie man ist. Das Gedicht *„Als ich mich selbst zu lieben begann"* von Charlie Chaplin ist sehr aufschlussreich. Uns sollte klar sein, dass wir mit uns selbst unser gesamtes Leben verbringen und uns daher mindestens genau so gut behandeln sollten wie seine beste Freundin/besten Freund.

Mein Ehemann wollte die Trennung nicht und wir gingen noch einige Male zu einer Eheberatung. Es zeigte sich dort sehr schnell, dass wir ganz verschiedene Vorstellungen unseres Lebens hatten. Er machte Zusagen an die ich nicht mehr glaubte. Innerlich hatte ich mich vermutlich schon vor langer Zeit gelöst.

Gleichzeitig suchte ich Hilfe bei einer Familienberatungsstelle und beim Jugendamt. Beide unterstützten mich in meinem Vorhaben und bestätigten mir, dass ich gut für meine Kinder sorgen würde. Sie rieten mir, mich selbst etwas mehr zu stärken, mehr für mich zu tun.

Mein Ehemann bat mich mit der Trennung zu warten, er sei noch nicht so weit. Und so wohnte ich fast zehn Monate in einem Haus mit einem Mann, der meine Grenzen nicht beachtete - immer wieder übergriffig wurde. Angst war mein ständiger Begleiter. Ich schlief im Flur auf einem Reisebett. Und ich wusste nie, wann mein Ehemann auftauchen würde, weil er mit mir sprechen wollte. Eigentlich wollte er mir das Schlafzimmer überlassen. Doch trotz seiner Zusagen betrat er dies immer wieder, ob ich nun da war oder nicht. Und daher fühlte ich mich im Flur sicherer. Aus heutiger Sicht war dies eine furchtbare Demütigung, für die ich mich lange geschämt habe.

Es wäre deutlich einfacher gewesen, wenn nur einer aus unserem gemeinsamen Haus ausziehen würde und nicht gleich mehrere Personen umziehen müssten. Doch mein Ehemann hielt mich immer wieder hin, gab keine klaren Zusagen. So zogen meine Kinder und ich schließlich aus. Auch auf seinen Wunsch ihm möglichst kein leeres Haus zu hinterlassen ging ich ein. Ich nahm die nötigsten Sachen mit und zog um in ein leeres Haus, welches ich mittlerweile und kurzfristig angemietet hatte. Mit meinen Kindern machte ich ein großes Abenteuer aus dem Umzug. Da keine Möbel vorhanden waren, aßen wir unser Essen von Kartons, die ich als Tisch umfunktioniert hatte. Ich fuhr noch einmal ins Haus und holte mir einen kleinen Teil meines Eigentums, der im Kofferraum eines PKWs Platz hatte. Es war vereinbart gewesen, dass wir die Dinge aufteilen. Doch auch daran hielt sich mein Ehemann nicht; er tauschte die Schlösser aus. Dadurch wohnten meine Kinder und ich auch weiterhin in einem unmöblierten Zuhause. Mein Eigentum, alle gemeinsamen Anschaffungen, der gemeinsame Hausrat, verblieben im gemeinsamen Haus. Ich sollte dies nur einmal noch betreten. Und obwohl ich auf meinen Hausrat und mein Eigentum verzichten musste, würde ich diesen Schritt immer wieder gehen.

Das war das erste Mal in meinem Leben, dass ich meinen Kokon verließ! Es tat gut. Durch die Erfahrungen im Job, meinen Freunden und Yoga hatte ich die Raupe stärken können und war nun bereit für die Veränderung. Dass sich mit diesem ersten Schritt gleich so viel mit verändern würde, ahnte ich damals nicht. Mir war klar, dass viele Menschen es nicht wollen würden, dass ich mich änderte, das lernte ich auch in den Resilienzseminaren. Aber das wirklich alles einmal auf den Kopf gestellt werden würde, übertraf jegliche Vorstellung, die ich mir gemacht hatte bzw. worüber ich an so manchen Abenden gegrübelt hatte. Über die Fragen und Aussagen: „Ist das richtig?", „denke doch an deine Kinder", „denke an deinen Ehemann - was tust du ihm und den Kindern an"? „Du hast doch ein gutes Leben, was willst du noch?" „Andere wären froh, wenn sie so leben könnten wie du". „Du machst alles kaputt nur um dich selbst verwirklichen zu können", „du bist total egoistisch". „Du hast die Ehe versprochen, wieso hältst du dich nicht daran?" grübelte ich viel. Fakt war, dass ich nicht mehr wollte. Damals hatte ich diese Idee: „Ich bin Katharina Hero und wichtig in dieser Welt. Ich wage einen kleinen Schritt aus dem Kokon heraus und nutze meine Energie auch für mich. Es wird schon klappen. Schließlich bin ich ein Stehaufmännchen, das habe ich oft genug bewiesen. Und ich habe mein eigenes Einkommen und werde für meine Kinder und mich sorgen."

8

Die ersten Schritte

Ich fühlte mich frei! Endlich!

Doch im Grunde begann jetzt erst ein langer schwieriger Prozess. Es gab Herausforderungen, mit denen ich niemals gerechnet hätte.

Da ich praktisch ohne alles, bis auf den Inhalt zweier Kofferraumladungen eines PKWs ausgezogen war und mir alles neu beschaffen musste, drängte ich darauf, auch die monatlichen Zahlungen zu regeln. Mein Ehemann ließ sich auf nichts ein, war nicht bereit den Hausrat aufzuteilen oder sonst irgendwie für die Kinder aufzukommen. Somit suchte ich mir einen Anwalt und klagte vor Gericht auf Unterhalt. Noch im Gericht betonte mein Ehemann immer wieder, dass er die Trennung nicht wolle. Er beschimpfte mich auf das Heftigste, sowohl mündlich als auch schriftlich und stellte sich im Gerichtssaal als Opfer dar; wie ich später lernen sollte, war dies das Verhalten eines Menschen, mit starken narzisstischen Zügen. Und ich hatte so lange mit dem Auszug gewartet und war auch immer wieder auf ihn eingegangen. Zudem war ich selbst in ein leeres Haus gezogen, damit er sich nicht einsam in unserem gemeinsamen Haus fühlen musste. Ich habe sehr viel Rücksicht genommen, was mir teuer zu stehen kam.

Mein Auszug erfolgte im Sommer. Die Kinder und ich hatten eine recht schöne, fast unbeschwerte Zeit, trotz fehlender Möbel und ohne Geschirr, das Haus war leer. Wir hatten nur das Allernötigste, lebten in einem großen Abenteuer, improvisierten viel und kamen dennoch mit dem wenigen, was wir hatten, zurecht. Unser Tisch war noch immer der große feste Pappkarton, wir saßen auf dem Fußboden. Es war mir wichtig, dass die Kinderzimmer möglichst schnell eingerichtet werden. So nahm ich meine letzten Ersparnisse und ging mit den Kindern Möbel kaufen, die wir dann gemeinsam aufbauten. Acht Monate später hatten wir das Haus eingerichtet. Ich war zutiefst dankbar, dass ich einen guten Job als Ingenieurin ausüben konnte, durch den ich diverse Vergünstigungen, z.B. bei Reisen hatte. Sonst wäre das alles finanziell nicht möglich gewesen. Zudem unterstützten mich meine Freunde sowohl materiell als auch emotional.

Aus der Freundschaft zu dem Mann, den ich kennengelernt hatte, wurde später Liebe. Diese Zuwendung gab mir Kraft und Mut, die ich für die folgenden Monate dringend brauchte.

Und dann kam das „September-Albtraum-Wochenende"! Ich hatte gerichtlich durchgesetzt, dass ich mein Klavier und meinen massiven Holzschreibtisch aus unserem ge-

meinsamen Haus abholen lassen konnte, von einer Fremd-
firma. Dafür durfte ich noch einmal ins Haus. Die Kinder
und ich waren etwas früher vor Ort, so dass wir die Möbel-
firma gut einweisen konnten. Ich wollte noch eine Vase holen, mein Eigentum aus der Zeit meines Studiums. Dafür
öffnete ich eine der tiefer gelegenen Schubladen in der Küche, um sie herauszunehmen, als mein Mann mich von hinten heftig in den Rücken trat, mich an den Armen festhielt
und mich aus der Küche schliff. Er trat erneut zu und
quetschte meine Arme. Ich schrie um Hilfe. Meine Kinder
standen auf der Treppe und mussten zuschauen, wie ihr
Vater mich an den Armen zog und mich halb liegend/halb
kniend aus dem Haus schob. Hinter mir knallte er die Tür
zu.

Ohne Schuhe mit Schmerzen im Rücken und total schockiert stand ich draussen vor der Tür. Ich lief auf und ab
und überlegte, was ich jetzt machen könne, wusste gar
nicht, was eigentlich passiert war. Das konnte doch nicht
sein? Ist das wirklich gerade geschehen? Ich war doch immer freundlich und zuvorkommend, hatte sogar das Haus
und alles überlassen, damit mein Ehemann sich nicht so
allein fühlte. Schließlich setzte ich mich ins Auto, den
Schlüssel hatte ich in der Hosentasche und rief die erste
Person an, die mir in den Sinn kam: meine Mutter! Diese
hatte aber, aufgrund eines Besuches gerade keine Zeit für
mich - das müsse ich doch verstehen.

Ich konnte es nicht fassen: Mein Ehemann vergriff sich
an mir und meine Mutter hatte keine Zeit für mich, da sie
Besuch hatte? Sie konnte nicht helfen? Ich war völlig durch

den Wind und wusste gar nicht mehr, was ich tun sollte. Sollte ich Nachbarn um Hilfe bitten? Ich wollte sie jedoch nicht mit hineinziehen. Also rief ich bei meiner Freundin an, die nicht weit entfernt wohnte. Ihr Mann war am Telefon und bat mich zu kommen. Dort wurde ich dann sehr freundlich aufgenommen und umsorgt. Meine Freunde telefonierten mit meinem Ehemann, um ihm Bescheid zu geben und holten dann die Kinder ab.

Die Möbelpacker riefen mich etwa eine Stunde später an, sie hätten alles eingeladen und würden vor dem neuen Haus auf mich warten. Die Kinder, die gar nicht wussten wie ihnen geschah und ich selbst fuhren in unser neues Zuhause, um mein Klavier und meinen Schreibtisch aufbauen zu lassen.

Ich war noch immer ganz unter Schock, konnte nicht weinen, war nicht wütend, alles war so unrealistisch.

Abends telefonierte ich mit einer sehr guten Freundin, die mir riet meinem Ehemann auf jeden Fall anzuzeigen. Sie käme am darauffolgenden Tag und würde mich zur Polizei begleiten. Allein wäre ich in dem Moment nicht auf diese Idee gekommen, das war alles zu surreal.

Am nächsten Tag kam auch meine Mutter, die sich um die Kinder kümmerte, während meine Freundin und ich zur Polizei gingen. Das Protokollieren dauerte fast drei Stunden. Es war sehr schmerzhaft alles zu erzählen, die vielen Demütigungen und Übergriffe, die zuvor passiert waren. Doch die Polizistin war sehr einfühlsam und fotografierte auch meine Prellungen. Sie ermutigte mich neben der Strafanzeige einen Strafantrag zu stellen, was ich auch tat. Die körperlichen Schmerzen spürte ich dabei nicht.

Um meinen Kindern nach diesen Ereignissen wieder etwas Halt zu geben gingen wir alle gemeinsam mit meiner Mutter, meine Freundin musste nach Hause, zum Eisessen. Wir waren doch alle sehr geschockt von dem Erlebten.

Doch es kam ganz anders - der nächste Albtraum.

Die Sonne schien und meine Kinder spielten nach dem Eisessen auf einem Spielplatz. Ich saß auf einer Bank und versuchte mich in den Griff zu bekommen. Plötzlich gab es einen Schrei, mein Sohn kam angelaufen. Er war blass und eiskalt am Körper. An seinem Oberschenkel klaffte eine tiefe, offene Wunde. Mein Sohn war über einen Regenschacht gelaufen, dessen Gitter sich löste, so dass er sich den Oberschenkel an der scharfen Kante aufschlitzte. Er zitterte und übergab sich. Ich hielt ihn fest im Arm und erinnerte mich an meinen Jahre zurückliegenden Erste-Hilfe-Kurs - in extremen Momenten kann man sich immer auf sich selbst verlassen, alles Wissen, was man braucht ist abgespeichert - Klaffende Wunden zudrücken mit was auch immer, keimfrei. Das tat ich.

Und immer, wenn man gar nicht damit rechnet kommt Hilfe von Außen. Sie zeigte sich in Form eines netten Italieners aus der Eisdiele, der uns gesehen hatte. Er brachte einen Verband zum Pressen auf die klaffende Wunde, rief den Rettungsdienst an und umsorgte uns mit Getränken.

Ich hielt meinen Sohn, presste den Verband auf die Wunde und sprach ruhig mit ihm. Irgendwann kam der Rettungswagen. Ein Sanitäter nahm kurz den Verband von der Wunde, schaute mich ruhig lächelnd an und nahm meinen Sohn auf den Arm, mit den Worten: „Das haben sie genau richtig gemacht." Im Krankenwagen ging es dann ins nächstgelegene Krankenhaus. Dort mussten wir noch sehr lange warten, bis endlich ein Arzt, der aussah, als hätte er Tage nicht geschlafen, sich unser annahm. Dieser hatte kein Einfühlungsvermögen und war sehr barsch. Ich versuchte meinen Sohn, der große Angst hatte, so gut es ging zu beruhigen. Er weinte ganz furchtbar und schrie als ihm der Arzt ohne weitere Vorwarnung eine Spritze in die Wunde gab. Was für ein Horror! Nachdem die Wunde versorgt und genäht war, wurde mein Sohn mit Krücken entlassen. Und ich blieb stark für meine Kinder.

Abends, allein Zuhause ließ ich meinen Tränen freien Lauf. Dieses starke Mitgefühl mit den Schmerzen meines Sohnes konnte nun heraus. Auch heute noch kommen mir die Tränen, wenn Kinder aufgrund von starken Schmerzen weinen.

Ein Horror-Wochenende, das mit nichts, was ich vorher erlebt hatte, vergleichbar gewesen wäre. Für mich war es unheimlich schlimm meinen Sohn mit seinen Schmerzen und seiner Angst zu erleben. Das war so überwältigend, dass ich mich nicht einmal um mich selbst kümmern konnte.

Aber das war noch nicht das Ende aller Herausforderungen, die noch auf mich warten sollten.

9

Das Haus

Es ging weiter mit dem Haus. Dieses war in einem desolaten Zustand. Die Handwerker waren wöchentlich vor Ort. Obwohl das Haus komplett neu gefliest, gestrichen und mit neuer Heizung, neuem Bad und neuer Küche ausgestattet worden war, funktionierte immer irgendetwas nicht. Es gab sehr viel Pfusch. Der Herd wurde bereits nach drei Wochen ausgetauscht, weil er nicht warm wurde. Die Terrassentür klemmte, was den Vermieter jedoch nicht wirklich interessierte, es läge an der falschen Handhabung. Das nahm ich erst einmal so hin, denn die Schuld und/oder die Verantwortung für etwas zu übernehmen, was nicht in meiner Verantwortung lag, hatte ich ja gelernt. Irgendwann schoben wir die Tür beim Hinausgehen zu. Diese verhakte sich und wir sperrten uns damit aus! Jetzt bestand ich auf die Reparatur der Tür. Der Vermieter entschied sich für eine provisorische Lösung - wir nutzen die Tür daraufhin gar nicht mehr.

Kurze Zeit später hatten wir kein Heißwasser mehr im Haus. Die Handwerker kamen recht schnell und der Brenner wurde neu eingestellt. Dann stand im Keller Wasser, ein undichtes Rohr. Die Handwerker kamen wieder und tauschten die Rohre aus.

Ich war dankbar, dass ich einen Arbeitgeber hatte, der eine flexible Arbeitszeit ermöglichte, sonst wäre ich unter Umständen aufgrund der vielen Handwerkertermine auch noch meinen Job los geworden.

Dennoch war ich froh ausgezogen zu sein und zuversichtlich, dass bald alle Mängel behoben sein würden. Ich hatte immer Verständnis für alle, den Vermieter, der sehr viel arbeitete, die Handwerker, die wöchentlich kamen und nach denen ich mich terminlich richtete. Ich war weder wütend noch forderte ich irgendeine Kompensation. Das hatte ich nie gelernt.

Und dann kam der erste Herbstregen. Ich hörte den Regen nur so prasseln und auch noch ein mir bis dato unbekanntes Geräusch. Also ging ich in die Kinderzimmer. Es zeigte sich, welchen tiefen gesegneten Schlaf Kinder doch haben. Mein Sohn lag nass in seiner total durchnässten Bettwäsche, es tropfte weiter von oben und er schlief, ganz fest. Es regnete seit den frühen Morgenstunden so viel in das Haus, dass wir einen Regenschirm hätten aufspannen können. Ich weckte meinen Sohn und bat ihn, sich abzutrocknen, einen trockenen Schlafanzug anzuziehen und sich in mein Bett zu legen. Nachdem er eingeschlafen war, stellte ich Eimer und Schüsseln auf und schrieb eine Email an meinen Vermieter, den ich gleich morgens um 07:00 Uhr auch anrief.

Ein Dachdecker kam am gleichen Morgen und reparierte das Dach erst einmal provisorisch. Das Kinderzimmer war unbewohnbar und auf dem Boden stand das Wasser. Die Hände wurden nass, wenn man die Wände anfasste. So einen Sturzregen innerhalb eines Hauses hatte ich noch nie erlebt. Wir mußten das Zimmer komplett ausräumen.

Handwerker kamen und entfernten den Boden aus dem Kinderzimmer. Ein Bautrockner wurde aufgestellt, um die Feuchtigkeit herauszuziehen. Der Behälter musste alle drei-vier Stunden geleert werden, so viel Wasser befand sich im Raum. Dieser Trockner war sehr laut und störend und zog bei uns für zwei Monate als Mitbewohner ein.

Anschließend bekam das Kinderzimmer einen neuen Holzboden und wurde komplett neu gestrichen. Endlich konnte mein Sohn wieder in sein Zimmer ziehen, nachdem die Kinder zwei Monate lang zusammen gewohnt hatten.

Einige Wochen später regnete es dann in das zweite Kinderzimmer, mit den gleichen Effekten. So schliefen die Kinder abwechselnd in unterschiedlichen Zimmern.

Im Winter stellte sich heraus, dass die Heizung nicht funktionierte. Wöchentlich kamen die Handwerker und probierten verschiedene Einstellungen an der Therme aus. Es waren viele Versuche. Nichts brachte längerfristigen Erfolg, sondern bescherte uns vielmehr regelmäßigen, wöchentlichen Besuch der Heizungsfachleute.

Wieder einmal war ich dankbar für meine Freunde, die mir immer halfen, zuhörten und zum anderen spontan zum Grillen/Essen oder einem Ausflug einluden, wenn sie mitbekamen, dass es mir nicht gut ging. Ich war so manches Mal an meinem körperlichen Limit.

Und ich bekam ein Schreiben der Staatsanwaltschaft. Das Verfahren gegen meinen Ehemann sei laut StPO §153 (Strafprozessordnung) wegen Geringfügigkeit eingestellt worden. Meine Anwältin forderte Akteneinsicht an und es stellte sich heraus, dass dieser Beschluss bereits zwei Monate zuvor in der Akte mit einem unleserlichen Kürzel beschlossen wurde. War es ein Zufall, dass mein Ehemann seinerzeit mit einer Richterin liiert war? Es war ein Schlag ins Gesicht. Schläge werden als Geringfügigkeit betrachtet. Später erfuhr ich von Frauen, dass diese in ähnlichen Situationen ihre Männer überhaupt nicht anzeigen, da sie sich dieser unwürdigen Behandlung durch das Gesetz gar nicht erst aussetzen wollten.

10

Weitere Herausforderungen

Der nächste Schock ließ nicht lange auf sich warten. Meine Freundin hatte Leukämie und brauchte dringend einen Spender, sonst würde sie nicht überleben. Es ging ihr mit der Chemotherapie teilweise sehr schlecht. Mir machte es zu schaffen, dass ich nicht wirklich helfen konnte. Es ist furchtbar, einen Menschen leiden zu sehen. Meine Freundin ist so ein lebensfroher positiver Mensch.

Glücklicherweise fand sich ein Spender und meine Freundin überlebte. Ich besuchte sie kurz nach der Transfusion im Krankenhaus. Es war merkwürdig durch eine Schleuse in den Krankenhaustrakt zu gehen, einen Kittel und eine Haube zu tragen und auf dem Gang lauter kranke, aschfahle Menschen zu sehen. Ich musste einmal den kompletten Gang hinunter gehen, um zum Zimmer meiner Freundin zu gelangen, vorbei an einigen kranken Menschen, die ihre Infusionen neben sich her zogen. Meine Freundin blutete etwas aus der Nase als ich kam und hatte eine leicht rosafarbene Gesichtshaut. Da war mir klar, egal, was kommen wird, sie wird diese Krankheit ganz sicher überstehen. In einigem Abstand zu ihr musste ich sitzen, aber wir haben uns gut unterhalten können. Und ich war sehr froh sie so gesehen zu haben. Der Heilungsprozess zog sich noch lange hin, und ich habe nicht gezählt, wieviele Arzt- und Krankenhausbesuche sie noch absolvieren musste. Meine Freundin hat nie ihren Mut und ihre Zuversicht verloren, und das bewundere ich sehr an ihr.

Etwas später musste ich mit meinem Sohn zum Zahnarzt, es wurden Milchzahnreste gezogen. Das Ziehen dieser Zahnreste führte bei ihm zu starken Blutungen, so dass die Ärztin mir empfahl, das Blut einmal genauer untersuchen zu lassen, es könne auch ein Hinweis auf Leukämie sein. Ich war total geschockt.

Wenn die Kinder krank sind, berührt es mich immer viel stärker, als wenn ich selbst krank bin. Also ließ ich im Krankenhaus diverse Blutuntersuchungen durchführen, Leukämie konnte glücklicherweise sehr schnell ausgeschlossen werden. Fazit dieser fünf Krankenhaustermine war, dass einige Blutgerinnungsfaktoren nicht so sind, wie sie sein sollten, so dass mein Sohn auch schon bei leichten Verletzungen lange bluten wird, bevor die Gerinnung eintritt. Was bei mir auch der Fall ist. Woher hätte ich jedoch wissen sollen, dass eine derartige lange Blutstillung ungewöhnlich ist, ich habe es ja nie anders kennengelernt. Mein Leben lang wurde ich schon bei kleinen Verletzungen damit konfrontiert eine Pause einlegen zu müssen, damit das Blut aufhört zu laufen. Besonders blöd ist dies bei der Essenvorbereitung. Denn das bedeutet zusätzliches Warten, bis kein Blut mehr tropft. Deshalb also empfand ich auch Nasenbluten als extrem unangenehm, einfach weil es so lange dauerte. In Ruhe zu sitzen und geduldig mit mir selbst zu sein zählt nicht gerade zu meinen Stärken.

Ostern flog ich nach Boston und traf dort meinen Freund, den Mann, der in meinen Kokon geschlüpft war. Wir führten eine Fernbeziehung, er lebte im Ausland - wir trafen uns alle paar Monate kurz, hatten jedoch einen sehr intensiven Gesprächsaustausch über alle möglichen Themen. Mein Freund lud mich ein paar Mal zu Reisen ein, was ich sehr dankbar annahm.

Es wurde nie langweilig und wir gaben uns gegenseitig immer wieder neue Denkanstösse.

Wir verbrachten eine Woche in Boston, fuhren mit einer Vorstadtbahn zum Strand im Norden, gingen den „Trail of Freedom" entlang und erkundeten die unterschiedlichen Stadtviertel. Eine tolle Stadt. Es machte richtig viel Spaß. Es waren ungezwungene schöne beschwingte Tage. Meine Entdeckerfreude wurde wieder geweckt. Wir lachten ganz unbeschwert und viel. Ich fühlte mich begehrt und geliebt. Mein Freund kam sogar mit in ein Bekleidungsgeschäft und schenkte mir ein schönes Sommerkleid. Selbst das Fliegen war ein Vergnügen, obwohl ich sonst nicht gern so lange in einem engen Raum still sitze. Dies waren kraftspendende Tage für mich.

Es waren einige Monate seit meinem Umzug vergangen, es wurde wieder wärmer. Wir brauchten keine Heizung mehr. Leider mussten wir uns darauf einstellen, die Terrasse und den Garten nicht nutzen zu können. Die Handwerker waren wieder da! Das Dach sollte endgültig saniert werden. Und so stapelte sich in der schönsten Jahreszeit Baumaterial auf unserer Terrasse und in dem Garten.

Ich lebte in ständiger Angst vor meinem Noch-Ehemann, den ich regelmäßig vor Gericht traf wegen diverser Kinder-Umgangsthemen und darüber hinaus in einer Familienberatungsstelle. Auf Anraten des Jugendamtes sollten wir versuchen gemeinsam eine Lösung zur Stärkung unserer Kinder zu finden. Es waren sehr zähe Sitzungen, und es kostete mich jedes Mal eine große Überwindung zu diesen Treffen zu gehen.

Meine Kinder und ich nahmen die Hilfsmöglichkeiten, die es gab, an. Ich lernte mit meiner Angst umzugehen, die ein permanenter und sehr eindringlicher Begleiter geworden war.

Der körperliche Übergriff machte mir noch immer seelisch zu schaffen. Ich schämte mich und fühlte mich schuldig. Es dauerte sehr lange, bis ich der Tatsache ins Auge schauen konnte und mich nicht mehr als Täterin - ich habe den Mann so weit getrieben, dass er nicht mehr anders konnte - fühlte.

Ein Wochenende verbrachte ich bei einer Freundin und fühlte mich mal wieder richtig gut. Die Kinder waren bei ihrem Vater, und ich war ganz allein (meine Freundin war verreist und ich durfte ihre Wohnung nutzen). Als ich am Montag morgen zurückfahren wollte, traf mich ein nächster Schock: in mein Auto war eingebrochen worden, und die hintere Autoscheibe zerbrochen. Überall lagen Scherben. Mein Auto war für mich in den letzten Jahren mein sicherer Zufluchtsort gewesen. In dem gemeinsamen Familienhaus fühlte ich mich vor meinem Ehemann nicht sicher und in meinem Auto konnte ich ungestört Musik hören und dorthin konnte ich mich zurückziehen. Dieser sichere Raum war jetzt angegriffen und zerstört worden.

Ich rief die Polizei, die den Fall aufnahm, erstattete Anzeige und kümmerte mich anschließend um die Reparatur, damit ich wieder nach Hause fahren konnte. Denn zum einen hatte ich einen Beratungstermin, den ich jedoch - mit einem ganz schlechten Gewissen - absagen musste und zum anderen kamen meine Kinder abends zurück nach Hause.

Nach sechs Wochen bekam ich ein Schreiben von der Polizei, dass das Verfahren eingestellt worden sei. Täter konnten nicht ermittelt werden.

Kehrte nun endlich Ruhe ein? Mitnichten!

Vier Wochen später verbrachte ich ein langes Wochen-ende mit meinem Freund in Chicago. Es war wieder eine ganz tolle unbeschwerte Zeit zu der ich eingeladen war. Wir speisten in einem exklusiven Restaurant, machten eine tolle Bootstour, erkundeten die Stadt und genossen das Leben in vollen Zügen. Es war wieder das Gefühl überragender Freiheit und die Neugierde auf etwas Neues, auf das, was wohl noch kommen mag. Ganz beschwingt flog ich wieder nach Deutschland. Es wird schon alles gut, ich hatte Mut und Kraft geschöpft.

Als ich um 11:00 Uhr morgens dann wieder zurück zu Hause war, mit Jet Lag und einem glücklichen Herzen und meine Haustür öffnen wollte, traf mich der nächste Schreck. Ich konnte meine Haustür nicht öffnen, die Kette war von innen vorgelegt. Wie konnte das sein?

Nichts Böses ahnend ging ich um das Haus herum und trat auf die Terrasse. Es war alles voller Scherben, das Glas der Terrassentür war zersplittert. In mein Haus war eingebrochen worden. Ich brach in Tränen aus. Das war zu viel.

Sollte es immer so weitergehen, auf ein unbeschwertes Ereignis folgt ein tiefer Fall? Konnte nicht endlich einmal etwas Verlässlichkeit und Ruhe eintreten?

Nachdem ich mich etwas gefasst hatte, rief ich die Polizei an, die sehr einfühlend am Telefon war, mich bat, draußen auf sie zu warten, nichts anzufassen und mich fragte, ob sie einen Rettungswagen verständigen sollten, ich wirke so aufgelöst. Was ich definitiv auch war. Ich verneinte, rief

meinen Freund in den U.S.A. an, der mich tröstete und be-
ruhigte und wartete auf die Polizei.

Wie in einem Krimi gingen die Polizisten, zunächst allein, durch alle Räume, nahmen Fuß- und Fingerabdrücke
und protokollierten alles. Sie fragten mich, ob ich eine Idee
hätte, wer das gewesen sein könne, ob es vielleicht mein
Ehemann gewesen sein könne. Dies verneinte ich. Es lag
damals ausserhalb meines Vorstellungsvermögens.

Das Haus war komplett verwüstet, bis auf die Kinderzimmer, in denen nichts angerührt war. Jede einzelne
Schublade war herausgezogen und ausgeleert worden. Die
Kleiderbügel baumelten leer im Schrank und sämtliche Ho-
sen, Blusen, Röcke lagen auf dem Boden verstreut. Und es
fehlten Dinge, die mir persönlich viel bedeuteten, wie beispielsweise eine ganz besondere Uhr, die ich mir mit meinem ersten Gehalt als diplomierte Ingenieurin gekauft hatte
oder eine rote neue Winterjacke, die mein Freund mir ge-
schenkt hatte, sowie neue Schuhe der Kinder. Bargeld oder
die Musikinstrumente hingegen waren noch an ihren ur-
sprünglichen Orten. Steckte doch mein Ehemann dahinter,
so wie die Polizei es gleich vermutet hatte? Heute habe ich
einen gewissen Verdacht.

Es war wie in einem schlechten Film, der vor meinen
Augen ablief. Und immer wieder die Frage, was ich wohl
dieses Mal falsch gemachte hätte, dass mir so etwas wider-
fuhr?

Nachdem die Polizei gefahren war, rief ich den Vermieter an. Die Terrassentür war endgültig hin und musste dieses Mal ausgetauscht werden. Dann informierte ich die Hausratversicherung.

Das Haus räumte ich wieder auf, machte alles sauber. Als die Kinder von ihrem Vater wiederkamen, waren alle Sachen an ihrem Platz. Ich erzählte ihnen von dem Einbruch, versuchte gleichzeitig ihnen keine Angst zu machen und dachte sehr praktisch, was eine große Stärke von mir ist. Wie sollten wir jetzt das riesige Loch in der Terrassentür verschließen bis die Handwerker die Scheibe repariert haben? Mir fiel die Verpackung von den neu gekauften Betten ein, die wir dazu nutzen konnten. Mit den Kindern bemalte ich diese großen Pappen, die wir in den kaputten Terrassentürrahmen klebten, damit die Tür erst einmal „geschlossen" war.

Diese Bilder sind schön geworden, und auch dies konnten wir wieder als ein neues Abenteuer sehen.

Diese Pappe, die als Provisorium gedacht war, für maximal ein bis zwei Wochen blieb uns zwei Monate erhalten. Es stimmt also, „nichts ist zählebiger als ein Provisorium". Wie gut, dass wir dieses so sorgfältig bemalt hatten. Wir gewöhnten uns ans den Anblick.

Endlich sollte die kaputte und durch den Einbruch gar nicht mehr funktionsfähige Terrassentür ausgetauscht werden. Beim Ausmessen stellte der Fensterbauer fest, dass diese Terrassentür eine Spezialanfertigung sei und die Verankerung in der Wand geändert werden müsse. Sonst hätte die Tür nicht die erforderliche Stabilität! Leider war diese Verankerung nicht bestellt worden.

Endlich, nach weiteren acht Wochen, war die neue Terrassentür eingebaut. Allerdings hatten wir noch weitere zwei Monate eine offene Wand, weil die Handwerker sich vermessen hatten. „Handwerker sind schwer zu bekommen", so mein Vermieter und ich solle abwarten, sie werden es schon richten.

Und ich ließ mir, wieder einmal, alles gefallen, hatte Verständnis.

Im Sommer dann, wurde die Dachsanierung in Angriff genommen. Über zwei Monate lang standen diverse Geräte, Dachpappen und sonstiges Zubehör im Garten und auf der Terrasse und täglich waren die Dachdecker vor Ort. Zwischendurch regnete es, so dass die Arbeiten immer wieder eingestellt werden mussten.

Ruhe kehrte noch immer nicht wirklich ein.

Trotz allem nahm ich meine eiserne Geldreserve und verreiste in den Sommerferien ein paar Tage mit den Kindern. Wir hatten eine tolle, unbeschwerte gemeinsame Zeit und trieben viel Sport. Der Besuch eines Fussballstadions mit einer Stadiontour und einem angeschlossenen Museum war ein echtes Highlight. Die Führung war großartig. Es war schön wieder einmal eine richtig berührende Begeisterung für einen Sport durch den Vereinsmitarbeiter zu erleben.

Und dann kam eine Einladung meines Freundes: Es ging nach New York - der Big Apple! Eine so lebendige Stadt und dann die absolute Ruhe im Central Park. Wieder eine sehr unkomplizierte beschwingte Zeit mit meinem Freund, die mir Mut gab für das, was noch alles kommen sollte.

Nach dem Auszug aus meinem Haus ließ ich meinen Sohn, um ihn nicht zusätzlich aus seinem vertrauten Schulumfeld herauszureißen, auf der bisherigen Schule. Für mich bedeutete das, dass ich zwei Stunden täglich zusätzlich im Auto unterwegs war, meinen Sohn von unserem neuen Zuhause, zur Schule gebracht und abgeholt habe.

Nach den Sommerferien wechselte mein Sohn die Schule, was doch schwieriger war, als ich zunächst vermutet hatte. Richtig wohl fühlte er sich an der neuen Schule nicht, obwohl er sich gelegentlich mit einigen Jungen aus seiner neuen Klasse traf. Ich habe ihn immer wieder ermutigt und gestärkt. Gleichzeitig genossen wir beide es, dass er unabhängig von mir wurde, einen Haustürschlüssel bekam und mit dem Fahrrad zur Schule fahren konnte. An der neuen Schule wurde er leider gemobbt. So wurde behauptet, er hätte über WhatsApp seine Klassenkameraden schlecht gemacht. Da war ich froh, dass er zu den wenigen Kindern gehörte, die überhaupt kein WhatsApp besaßen. Allein dadurch konnten die böswilligen Behauptungen gegen ihn sofort widerlegt werden. Für mich persönlich war dieses Verhalten, als jemand, der stets auf Harmonie aus war und keinem Menschen schaden wollte, nur sehr schwer zu verstehen: „Warum tun Menschen anderen so weh?" Gibt es doch mehr Menschen, die anderen Böses wollen, als ich wahrhaben wollte?

Mit der Zeit fühlte ich meine Kräfte schwinden und hoffte, dass endlich Ruhe einkehren würde und ich mich in meinem Kokon einmal wieder um mich selbst kümmern durfte.

Was mir in dieser Zeit immer wieder Kraft gegeben hatte, waren die vielen schönen Momente mit meinen Kindern, Freunden und Bekannten, regelmäßig Schwimmen zu gehen und Yoga zu machen. Zudem habe ich viel gelesen, reflektiert und dazu gelernt. Ich denke, dass es wichtig ist, sich Zeit zu nehmen und einfach mal beispielsweise in der Musik zu versinken, das zu tun, was einen Lächeln lässt.

Drei Monate später war dann auch das Dach saniert und wir schauten positiv nach vorn. Mittlerweile hatten wir einige der gestohlenen Sachen ersetzt (meine Hausratversicherung erstattete nur 80 Prozent der gestohlenen Dinge, trotz aller Belege, Fotos und Nachweise) und besaßen, rechtzeitig zur Fussball-Meisterschaft, ein Sofa und einen Fernseher im Wohnzimmer.

In den Herbstferien reisten meine Kinder und ich nach Pisa, wohin ich durch meinen Job Kontakte hatte, übernachteten dort in einem Ferienort direkt am Meer gelegen. Aufgrund der Nebensaison war gar nichts mehr los, das

Wasser war jedoch noch angenehm warm. Wir ließen die Seele baumeln und genossen „Bella Italia". In Pisa gibt es einen ganz tollen Schokoladenladen, mit einem riesigen Schoko-Brunnen, dort verbrachten wir einige Zeit - nahmen sehr leckere Souvenirs mit. Der Besuch des Schiefen Turms war ganz besonders und die freundlichen lachenden Menschen taten uns gut. Es war alles unkompliziert und voller Leben, bei warmen Wetter.

Wir verbrachten traumhafte Stunden am Strand, wurden übermütig, unterschätzten die Wellen und hatten keine trockene Stelle mehr am Körper. Wir hatten richtig viel Spaß bei dem ausgelassenen Baden und kümmerten uns nicht um die durchnässten Kleider. Kein Italiener, der uns begegnete schaute merkwürdig, alle freuten sich mit uns. Patschnass gingen wir in unsere Unterkunft zurück. Das Leben war großartig.

Wir kamen mit einem Eisverkäufer ins Gespräch, der uns erzählte, wie zufrieden er sei, dort in Pisa leben zu können. Er habe alles, was er zum Leben brauche und zudem noch Berge und das Meer in der Nähe. Die italienischen Kunsthandwerker gebe es jedoch nicht mehr in der Umgebung. Ikea habe die Preise kaputt gemacht, und keiner hatte mehr die örtlichen Händler unterstützt. Das sei für viele eine starke Umstellung gewesen. Er freue sich, wenn Touristen kommen und sich sein wunderschönes Land ansehen. Es tat gut so einen fröhlichen Menschen zu erleben, der aus allem das beste für sich zu machen schien und zudem voller Stolz für sein Land war. Aus diesen Zeiten zog ich die für mich so wichtige Energie, die Herausforderungen der kommenden Wochen zu überstehen.

Allmählich wurde es in Deutschland kühler, und die Heizung funktionierte immer noch nicht! Die Handwerker kamen wieder wöchentlich hatten aber keine Lösung. Es gab die Möglichkeit, entweder die Kinderzimmer oder aber das Wohnzimmer zu heizen. Ich entschied mich für die Kinderzimmer. Zum Essen mussten wir uns entsprechend wärmer kleiden. Was blieb war meine Hoffnung, dass die Handwerker das Problem finden und beheben würden.

Weihnachten kam näher und damit auch der Jahreswechsel. Und obwohl ich sonst nicht so viel Wert auf Silvester gelegt hatte, war ich dieses Jahr froh, dass ein neues kurz bevor stand.

Wie das Jahr zuvor hatte es dieses Jahr richtig in sich gehabt. Neben allen Herausforderungen waren zweimonatliche Gerichtstermine nötig sowie regelmäßige Besuche bei der Beratungsstelle und bei dem Anwalt. Das war alles sehr nervenaufreibend und energiezehrend.

Gleichzeitig gab es die Besuche von und bei unseren Freunden, den Ausflügen u.a. in Kletterparks, gemeinsamen Kochen, was mich stärkte und mir Halt gab.

Mein Freund kam pünktlich zum Jahresende nach Deutschland und wir konnten Silvester gemeinsam verbringen. Kurzentschlossen fuhren wir an die Nordsee. Wir tanzten in das neue Jahr und stießen an: Mal sehen, was uns die

Zukunft bringen würde. Das turbulente Jahr hatte einen glücklichen Abschluss gefunden.

Zurückblickend war es wahrscheinlich hilfreich gewesen, dass ich meine Gefühle so unterdrücken konnte. Sonst hätte ich es vermutlich nicht so überstehen können. Allein der Einbruch war wieder sehr übergriffig, was ich seinerzeit nicht so sehen konnte. Sonst wäre ich vermutlich zusammengebrochen. Wenn ich an dieses Jahr zurückdenke, dann kommen mir die Tränen. Und ich spüre eine große Wut in mir aufkommen (ein Gefühl, welches ich damals nicht zulassen konnte). Es war alles so kräftezehrend - immer wieder alle und alles aufzubauen, sich wöchentlich mit den Anwälten zu besprechen und regelmäßig vor Gericht erscheinen zu müssen. Dennoch würde ich diesen Weg wieder gehen, und die vielen glücklichen Momente gaben mir Mut und Kraft weiterzugehen. Ich hatte mich geöffnet und mir Hilfe geholt, konnte auf viele glückliche Momente zurückblicken.

So saß ich also vor meinem Kokon. Er gab mir immer noch die Sicherheit, die ich benötigte. Jederzeit konnte ich mich wieder in ihn zurückziehen. Jetzt schaute ich voller Zuversicht und Neugierde in das neue Jahr. Es konnte nur besser werden.

11

Ein neues Haus

Und ein neues Jahr begann, mit einer nicht funktionierenden Heizung und Schimmel im Haus.

Zudem stellte sich ein Ehepaar als unsere neuen Nachbarn vor. Sie erwarben ein sogenanntes „Pfeifenstielgrundstück, direkt hinter unserem Haus und wollten auf diesem Grundstück bauen.

Die Zuwegung zu ihrem Baugrundstück war auf der linken Seite unseres Hauses vorgesehen. Die Bauherren selbst präferierten allerdings eine Baustraße auf der rechten Seite unseres Hauses. Diese wollten sie gern über unser Grundstück, vorbei an unserem Eingangsbereich, durch unseren Garten anlegen. Das hätte für uns bedeutet, dass wir die Eingangstür öffnen und direkt auf der Baustrasse stehen würden. Und schon wieder wurde von mir Verständnis erwartet. Ich ahnte damals nicht, dass diese Bitte in eine Forderung münden sollte, die erneut vor Gericht enden würde. Für eine derartige Baustrasse hatte ich kein Verständnis, dazu war mir der Schutz der Kinder viel zu wichtig;

undenkbar, dass sie beim Herausgehen aus dem Haus direkt auf ein Baufahrzeug stossen würden.

Zeitgleich wurde auf der rechten Seite unseres Grundstücks ein Einfamilienhaus abgerissen und sollte durch ein Mehrfamilienhaus ersetzt werden. An nur einem Tag wurden sämtliche Pflanzen, Sträucher und Bäume des über Jahre hinweg eingewachsenen Grundstückes gefällt und herausgerissen. Und plötzlich war unser Haus von der Strasse her sehr einsichtig, was mir ein mulmiges Gefühl verschaffte.

Neben den Gerichtsprozessen um die Scheidung, lernte ich jetzt auch noch die Feinheiten des Nachbarschaftsrechtes kennen. Darüber hinaus gesellte sich permanenter Baulärm und zunehmender Schimmel in unser Leben.

Wieder neue Herausforderungen....

Das kalte Haus machte mir jetzt auch körperlich zu schaffen. Um nicht wieder wöchentliche Heizungswartungshandwerker bei uns begrüßen zu dürfen, beauftragte ich einen Fachmann der Heizungsbaufirma. Dieser sollte prüfen, warum es im Haus nicht warm wird, obwohl die Heizung erst zwei Jahre zuvor eingebaut worden war. Es stellte sich heraus, dass der sogenannte hydraulische Abgleich nicht erfolgt war. Die Heizungskörper waren nicht mit der Raumgröße abgestimmt und der Durchfluss für die unterschiedlichen Räume nicht berechnet worden.

Diese Erkenntnis führte zu Ärger bei der Heizungswartungsgesellschaft, aber man kam unserem Wunsch nach, nun doch einen hydraulischen Abgleich durchzuführen und die Heizungen entsprechend einzustellen. Danach funktionierten die Heizungen alle, es wurde warm im Haus. Jedoch blieb der Schimmel in den Räumen, und der Keller war seit dem Wassereinbruch auch noch feucht.

Was mich jedoch umhaute war die Klage unserer neuen Nachbarn, die von ihrem Nachbarschaftsrecht Gebrauch machen wollten. Demnach seien wir verpflichtet, der Baustrasse über unser Grundstück zuzustimmen. Diese Klage konnten wir vor Gericht per einstweiliger Anordnung abwehren.

Danach hielten sich unsere Nachbarn an keinerlei Regeln mehr. Sie betraten ohne zu Fragen unser Grundstück, machten Fotos und rannten davon, als ich zu ihnen ging.

Mein Vermieter machte deutlich, dass er keinen Ärger wolle und wir uns doch einigen sollten. Für mich war es nicht nachvollziehbar: Warum konnte die Baustrasse nicht über deren Grundstück verlaufen, sondern sollte über „mein" Grundstück geführt werden? Schon wieder verhielten sich Menschen übergriffig, in diesem Fall die Nachbarn, und ich war froh mich besser wehren zu können. Auch fand ich Unterstützung bei anderen Nachbarn.

In den Frühjahrsferien gönnten wir uns eine Last-Minute-Reise (Spontanität zahlt sich aus!) und flogen ein paar Tage nach Paris.

Auch dort sollte nicht alles so glatt laufen, wie ich es mir für eine kurze Auszeit gewünscht hätte.

Als wir im Hotel ankamen und in „unser" Zimmer kamen, waren wir doch sehr erstaunt, dass andere Gäste sich dort auf dem Bett lümmelten. Also gingen wir zur Rezeption zurück, und uns wurde ein anderes Zimmer zugewiesen, in diesem standen jedoch auch schon Koffer. Nachdem wir nun ein drittes Mal an der Rezeption auftauchten, nahm man unser Anliegen ernst und kümmerte sich endlich um ein freies Zimmer.

Bis wir dieses Beziehen konnten, hielten wir uns bei einem Getränk in der Lobby auf und warteten. Schließlich kamen wir in unser Zimmer, allerdings fehlte ein Zustellbett. Ein weiterer Besuch an der Rezeption. Wir baten darum bis zu unserer Wiederkehr am Abend ein Bett aufzustellen und machten uns endlich auf den Weg Paris zu erkunden.

Wir gingen an die Seine, aßen Crêpe und genossen das Pariser Flair. Abends war dann im Hotel alles zu unserer Zufriedenheit hergestellt. Am nächsten Tag stiegen wir auf den Eifelturm. Es ist wirklich beeindruckend, was Gustave Eiffel in der kurzen Zeit alles bauen ließ. Bis zur Weltausstellung wurde der Turm tatsächlich fertig gestellt, womit nur wenige gerechnet hatten. Wir besichtigten Notre Dame und hatten eine schöne Zeit in der Stadt der Liebe. Es tat uns allen gut einmal etwas ganz anderes kennenzulernen, und Paris wirkte beflügelnd.

Allmählich stellte sich ein fast normaler Alltag ein, meine Arbeit machte mir Freude, die Kinder waren deutlich stabiler und wirkten stärker.

Aufgrund der Forderung ihres Vaters nach mehr Umgang und seinem Misstrauen mir gegenüber, wurde ein Anwalt für die Kinder bestimmt. Dieser traf sich allein mit den Kindern, einmal bei mir und einmal beim Vater. Ich war sehr froh, dass der Anwalt für die Kinder vor Gericht eintrat. Der Vater hatte gelogen, und die Kinder wollten keinen weiteren zusätzlichen Umgang. Dies wurde vor Gericht deutlich und dem Wunsch der Kinder nachgegeben, die Forderung des Vaters abgelehnt.

In den Sommerferien verbrachten wir eine Woche bei Freunden an der Ostsee, machten viel Wassersport und hatten Spaß zusammen. Wieder einmal eine ganz unkomplizierte, schöne Zeit mit Sonne und Meer nach all dem Stress, ein erholsamer Urlaub.

Und es kam erneut anders als gedacht: Wir lagen völlig entspannt mit unseren Büchern auf den Handtüchern im Sand als uns der Anruf meines Vaters erreichte: seine Lebensgefährtin war plötzlich verstorben!

Und wieder einmal stand ich zwischen den Stühlen: was sollte ich jetzt tun? Wie konnte ich meinen Vater unterstützen, meine Kinder und mich selbst stärken?

In den darauf folgenden Tagen redete ich sehr viel mit meinem Vater. Es tat mir weh, ihn so leidend zu erleben, stets versucht, seine Tränen zu unterdrücken. Mit den Kindern sprach ich über den Tod und dass ich gern zur Beerdigung fahren möchte.

Also fuhr ich in der darauffolgenden Woche mit meinem Freund, der sich dafür die Zeit nahm und extra aus den U.S.A. kam zu meinem Vater.

Die Beerdigung und die Trauerrede waren tröstlich. In der Trauerrede hieß es, dass man nichts mitnehmen kann und es hinter dem Horizont weiter geht. Wir können es nur nicht sehen. Und von einem Menschen bleibt lediglich eine kleine Urne mit Asche übrig, die sich dann irgendwann auch auflösen wird. Entscheidend sind jedoch die Erinnerungen an einen Menschen, die einem erhalten bleiben.

„Die Menschen werden vergessen, was du gesagt hast. Die Menschen werden vergessen, was du getan hast. Aber die Menschen werden nie vergessen, wie sie sich in deiner Gegenwart gefühlt haben." Maya Angelou

Der Tod beschäftigte mich noch länger. Ich versuchte mich abzugrenzen und die Dinge gar nicht so dicht an mich herankommen zu lassen, war jedoch noch immer sehr verletzbar. Im Gerichtssaal bekam ich das jedes Mal zu spüren.

Und auch von meiner Mutter fühlte ich mich nicht verstanden, sondern sehr viel kritisiert. Monate später sollte ich lernen, wie sehr mich ihr, vielleicht sogar narzisstisches Verhalten, geprägt hatte.

In den Herbstferien unternahmen wir wieder etwas Besonderes, auf das wir uns schon gefreut hatten. Wir fuhren zusammen mit meinem Freund nach Süddeutschland. Wir trafen meinen Vater und hatten eine schöne gemeinsame Zeit. Er freute sich sehr über die Jungen, und wir alle freuten uns zusammen zu sein, lachten auch viel. Es war spannend etwas Neues, ganz anderes, zu unternehmen. Wir besuchten das Technische Museum, das Fussball-Stadium, fuhren in die Berge und unternahmen Wanderungen. Die Berge strahlten auf mich eine gewisse Ruhe aus. Was sie wohl alles schon gesehen haben müssen?

Waren mein Freund und ich zu zweit, hatten wir meistens eine schöne, unbeschwerte Zeit.

Waren mein Freund und meine Kinder dabei, fühlte ich mich oft zwischen ihm und den Kindern hin- und hergerissen. Mich selbst nahm ich nicht wahr. Ich glaube seinerzeit wußte ich gar nicht, was ich eigentlich für mich wollte und kümmerte mich nur um die anderen. Gemeinsame Zeiten mit den Kindern und meinem Freund empfand ich als anstrengend. Und diese Spannungen beeinträchtigen auch diese Beziehung. Ich fühlte mich nicht immer angenommen so wie ich bin.

Auch zu Hause stellte ich mich selbst zurück. Mit dem Effekt, dass ich permanent in Bewegung war, da ich immer aufsprang, wenn jemand etwas vermisste, etwas fehlte oder das Telefon klingelte.

Ich lebte noch zu oft wie in einem Film und spürte mich selbst und meine Bedürfnisse nicht, war dissoziiert, wie ich im Laufe der Beratungsgespräche erfuhr.

Dadurch, dass ich mich selbst reflektierte oder den Spiegel von anderen vorgehalten bekam, lernte ich allmählich meine Verhaltensmuster kennen und wahrzunehmen.

Ende des Jahres wurde bei dem Unternehmen, in dem ich die ganze Zeit über gearbeitet hatte, wieder einmal umorganisiert, und ich bekam einen neuen Chef. Der sagte mir nach kurzer Zeit, dass er mich nicht mehr bräuchte, und wir gemeinsam nach einer anderen Tätigkeit schauen sollten.

Zunächst arbeitete ich als Change Managerin in einem sehr komplexen Projekt mit, was mir thematisch lag. Diese Aufgabe machte Spaß, war abwechslungsreich. Ich hatte mit vielen Kollegen zu tun. Zudem arbeitete ich mit einer externen Firma zusammen, mit jungen dynamischen Menschen, was mir gefiel. Ich bekam dadurch die Bestätigung, die ich so dringend brauchte.

Und doch: Der Projektleiter (ein kleiner Mann) unterstellte mir, dass ich das Projekt nicht verstünde. Daher würde er jedes Schriftstück, welches ich verfasse, vor Veröffentlichung kontrollieren wollen. Da sich der Projektleiter lediglich einmal im Monat Zeit für mich nehmen wollte, kam ich mit meinen Aufgaben nur sehr langsam voran. Das war für mich eine echte Geduldsprobe! Diese Kontrollen hatten einen positiven Nebeneffekt, ich konnte unter Beweis stellen, dass ich das Thema doch vollständig verstanden hatte.

Warum passiert mir dass immer wieder, dass Menschen mich ausbremsen? Was macht ihnen Angst, dass sie jedes Mal versuchen, mich klein zu machen? Muss ich etwas ändern, um eine andere Wirkung zu erzielen?

Privat liefen die Gerichtstermine weiter, auch der Nachbar versuchte immer wieder sein vermeintliches Recht auf die Einrichtung einer Baustrasse direkt vor meiner Haustür einzufordern, doch das lehnte ich weiterhin strikt ab. Daher baute er irgendwann einen orangen Zaun auf, der furchtbar aussah. Für mich war auch aufgrund des Schimmels im Haus, des Baulärms und der dreistöckigen neuen Gebäude, die gebaut wurden und viel Licht nahmen, klar, dass der Zeitpunkt gekommen war, weiter zu ziehen. Wieder einmal. In einem früheren Leben war ich wahrscheinlich doch als Nomadin unterwegs. Und ich fühlte mich auch so. Heimatlos, auf der Suche - nur nach was? Ich habe mich immer darum gekümmert, dass andere sich wohl fühlen.

Habe ich mich jemals in meinem Zuhause so wohl gefühlt, dass ich dort auch meinen Urlaub verbringen würde? Ich hatte immer das Gefühl von Enge in mir, wenn es darum ging, zurück nach Hause zu fahren.

Regelmäßig nahm ich an Yogakursen teil. Ich erzählte dort, dass ich dringend aus dem sanierungsbedürftigen von Schimmel befallenen Haus ausziehen wollte. Da erzählte mir eine Yoga-Freundin, dass bei ihr gegenüber ein Haus komplett renoviert werden würde. Ob ich mich dort nicht einfach bewerben wollte? Es sei doch für beide Parteien vorteilhaft, wenn man sich so kennenlernen und den langen Mietersuchprozess vermeiden könnte. Ich tat, was ich noch nie zuvor getan hatte. Ich schrieb einen Brief an den Hausbesitzer, erzählte von meiner derzeitigen schwierigen Haus- und Familiensituation als Alleinerziehende und dass ich eine neue Bleibe suchte. Ich betrieb das erste Mal in meinem Leben bewusst ein Selbst-Marketing, wollte dieses Haus mieten. Und es hat geklappt! Wir lernten uns kennen, es war ein sehr offenes freundliches Gespräch. Noch vor Weihnachten konnten wir umziehen.

Was für ein Segen endlich aus dem sanierungsbedürftigen Haus, in dem es überall Schimmel gab, das Umfeld sich durch den Baulärm und die fordernden Nachbarn änderte, ausziehen zu können. Dies war im Grunde nur ein Übergangshaus, vom vermeintlich „heilen Einfamilienhaus" zu Ehezeiten, in ein solides komplett saniertes Haus.

Der Umzug selbst wurde sehr stressig, da der derzeitige Vermieter trotz der Sanierungsmaßnahmen, die er durchführen wollte, darauf bestand, dass ich zum 31. ausziehen solle, und der neue Vermieter seine Handwerker bis auf den letzten Tag vor Beginn des Mietvertrages im Haus hatte. Somit musste der Umzug nebst Hausreinigung im „alten" Haus an einem Tag erfolgen. Wieder einmal bekam ich völlig unerwartet Hilfe. Mein Freund übernahm die Koordination der Umzugsfirma. Eine Freundin bot mir ein, im neuen Haus auf meine Kinder zu warten und sich um diese zu kümmern. Eine andere Freundin bot mir an, das Haus mit mir zu putzen, sie würde sich einen Tag Urlaub dafür nehmen. Das rührt mich noch immer beim Schreiben dieser Zeilen. Dadurch habe ich es geschafft fristgerecht am Monatsersten um 08:00 Uhr das „alte" Haus leer und geputzt - ich glaube es war sauberer als bei meinem Einzug - zurückzugeben.

In dem neuen Haus lebten wir uns gut ein. Dieses Mal hatten wir Möbel und konnten alle Räume schön gestalten. Die Nachbarschaft ist freundlich, und es kann nicht mehr drumherum gebaut werden. Dies war der Schritt in die richtige Richtung. Die nächsten Monate kehrte etwas mehr Ruhe ein. Es gab noch die Anwalts- und Gerichtsbesuche, was für mich jedoch nicht mehr ganz so bedrohlich war.

Auf meinen Kokon schaute ich zurück. Jetzt hatte ich mich von so vielem befreit. Ich hatte alles Recht der Welt glücklich zu sein, fühlte mich kraftvoller. Zudem hatte ich Freunde, die zu mir standen und an mich glaubten. Das gab mir Vertrauen und Sicherheit. Was sollte jetzt noch weiter passieren?

12

Und noch ein Todesfall

Mit meinem Freund fuhr ich für ein verlängertes Wochenende in die Heimat meiner Kindheit. Es war richtig schön warm und wir sind sehr viel Rad gefahren. Es hat Spaß gebracht, die Orte, die mir einmal so vertraut waren, wieder aufzusuchen und die Erinnerungen teilen zu können. Ich fühlte mich meinem Vater in der Zeit oft sehr nah, insbesondere beim Essen in den verschiedenen Restaurants kamen mir viele Gedanken an ihn. Scheinbar sind die Orte einer Kindheit doch irgendwie Heimat, zumindest fühlte ich meine Wurzeln dort.

Ein paar Tage später nahm ich an einem Yoga-Wochenende, Yoga on the Beach, teil. Nach diesen beschwingten Tagen erwartete mich jedoch die nächste Hiobsbotschaft. Ich kam völlig entspannt und fröhlich zurück nach Hause, als mich eine halbe Stunde später ein Anruf erreichte: mein Vater war gestorben! Für mich kam diese Nachricht aus heiterem Himmel. Das konnte doch nicht wahr sein. Er hatte sich doch erst vor Kurzem gründlich durchchecken lassen und war körperlich und geistig absolut fit. Doch das war noch nicht alles. Mein Vater verstarb im „Betreuten Wohnen" und seine Leiche wurde erst nach zwei Wochen gefunden. Das also war es, was ich beim Besuch in der alten Heimat gespürt hatte. Mir war aufgrund des Urlaubs und Alltags gar nicht bewusst gewesen, dass das letzte Telefonat mit meinem Vater schon zwei Wochen zurück lag.

Ich war total schockiert. Wie konnte das passieren? Wieso ist niemandem aufgefallen, dass mein täglich zum Essen angemeldeter Vater nicht mehr erschien? Warum wurde eine Freundin, mit der mein Vater wöchentlich zum Kaffee verabredet war, am Telefon abgewimmelt mit der Begründung, dass mein Vater selbständig sei, und man sich daher nicht kümmern könne. Man könne nicht einmal nachschauen, ob alles in Ordnung sei.

Zwei Tage später rief mich ein sogenannter Tatortreiniger an. Er erklärte, dass er das Appartement komplett ausgeräumt habe, einige Sachen gereinigt, in Säcke gepackt und der Pflegedienstleitung übergeben habe, damit ich diese abholen könne. Andere Sachen aus der Wohnung, alle Möbel und Bilder, Bücher, Drucker etc. hätte er bereits entsorgt.

Am Tag der Beerdigung hatte ich ein Gespräch mit der Heimleitung. Die Leiterin unterstellte mir, mich nicht genügend um meinen Vater gekümmert zu haben. Sie hätte nichts von mir gewusst. Damit traf sie mich, ich hatte Schuldgefühle und schämte mich. Wieder einmal unterstellt mir jemand etwas. Hatte ich mich tatsächlich zu wenig gekümmert?

Das „Auf-mich-einreden" des Tatortreinigers, er hätte so schnell handeln müssen, da giftige Gase aus einer Leiche entwichen, habe ich, aufgrund der emotionalen Situation erst später hinterfragt. Und dies stimmt im Übrigen nicht.

Hier lernte ich somit wieder einen Menschen kennen, der böswillig handelte. Es kam wohl nicht von ungefähr, dass der Tatortreiniger nicht mehr auffindbar war, selbst die gerichtliche Suche nach ihm blieb erfolglos.

Doch dieser Albtraum sollte sich noch zwei Jahre hinziehen. Die Heimleitung hatte ohne mein Wissen und meine Zustimmung den Tatortreiniger beauftragt und wollte nun, die deutlich überhöhten Kosten an mich durchreichen. Da der Mietvertrag das nicht vorsah, und ich keinen Auftrag erteilt hatte, weigerte ich mich, die Kosten zu übernehmen. Also wurde ich verklagt! Zwei Jahre später wies das Gericht diese Klage als unbegründet ab. Der gesamte Prozess war für mich, die nach wie vor viel an sich zweifelte und schnell ein schlechtes Gewissen hatte, lehrreich.

Es war eine sehr anstrengende und emotionale Zeit. Auch hier bekam ich wieder unerwartete Unterstützung durch meine langjährige Freundin und meine Familie väterlicherseits, die mich sehr unterstützte und die Familienbande wieder enger zog.

Die Beerdigung wurde von meinem Freund und mir selbst organisiert. Mein Bruder wollte eine Woche später mit seiner Familie in den Urlaub fliegen. Daher hatten wir nur ein paar Tage Zeit, mit dem Bestattungsinstitut, der Kirche, den Trauergästen, den Zeitungen etc. zu planen. Alle zogen an einem Strang und so konnte mein Vater bereits sieben Tage später beigesetzt werden.

Mein Bruder flog, wie geplant, ohne zusätzlich Stornierungskosten los und sendete mir Fotos von dem tollen Urlaub. Das fand ich total geschmacklos, und es traf mich sehr. Kein „Danke für Deine Mühen",kein „Wie geht es Dir" Nichts. Das nahm ich zum Anlass, meiner Familie mütterlicherseits zum ersten Mal in meinem Leben mein Gefühl des „Alleingelassenwordenseins" zum Ausdruck zu bringen.

Jetzt sollte man annehmen, dass meine Mutter und mein Bruder darüber nachdachten, was ich zu sagen hatte. Doch weit gefehlt. Beide wiesen die von mir genannten Punkte zurück. Und ich möge doch bitte eine wenig Verständnis dafür aufbringen, dass mein Bruder auch mal Urlaub bräuchte.

Eine Beerdigung zu organisieren und hinterher sämtliche Verträge zu kündigen und alle Freunde, Verwandte und Bekannte über den Tod eines Menschen zu informieren war noch einmal sehr zeit- und vor allem nervenaufreibend. Erst Monate später fand ich einige Momente der Ruhe, konnte weinen und schließlich auch loslassen.

Was mich wunderte ist, dass ich im Grunde den Tod meines Vaters spürte, so eigenartig dies jetzt klingen mag. Auch für mich, einen sehr rationalen Menschen, der immer nach Begründungen und Lösungen sucht und eher Naturwissenschaften als Gefühlen/Träumen/Bildern glaube. Im Zeitraum des Sterbens meines Vaters war ich mit meinem Freund an den Orten meiner frühen Kindheit unterwegs und erzählte ihm viel aus meinem Leben und auch, wo ich als junge Frau mit meinem Vater allein unterwegs gewesen bin. Und ich hatte das Gefühl, dass mein Vater irgendwie da war und mich leitete. Das Universum führt uns vielleicht doch mehr als wir uns vorstellen können.

Durch den plötzlichen Tod meines Vaters wurde mir die Vergänglichkeit des Lebens ganz bewusst.

Aus diesem Grund wollte ich wieder etwas unternehmen und Surfen lernen, was ich schon immer machen wollte. So fuhr ich mit meinen Kindern in einen Surferort, und wir machten unseren Surfschein. Es ist so ein grandioses Gefühl, sich vom Wind treiben zu lassen und über das Wasser zu surfen, das Gefühl von absoluter Freiheit, nur der Wind treibt einen an. Dieses Gefühl war zwischenzeitlich verloren gegangen, jetzt kam es wieder. Mir kann doch nichts mehr etwas anhaben, so dachte ich. Und ich beschloss, mich selbst wichtiger zu nehmen. Ich schaffte mir ein Zuhause, in dem ich mich sehr wohl fühle und auf das ich mich freue. Und ich begann mit einer Yoga-Lehrerausbildung. Schon immer wollte ich Lehrerin werden, und jetzt ergab sich die Möglichkeit. Und das in einem Fach, dass mir schon so lange Freude bereitet und in dem ich richtig fit bin. Diverse Yoga-Fortbildungen hatte ich zu dem Zeitpunkt bereits besucht.

Durch die Ausbildung lernte ich drei tolle Yoga-Dozenten kennen. Diese langjährigen Yoga-Lehrer sind so in sich gefestigt und sicher, das war großartig sie zu erleben. Gleichzeitig wurde mir das Gefühl vermittelt wichtig zu sein und dass es darauf ankommt, sich selbst zu lieben und wahr-zunehmen. Alles Wissen, was man für das Leben braucht ist bereits in einem selbst.

Was mich in all diesen Jahren stützte sind meine Freunde gewesen mit ihren spontanen Hilfen und Einladungen. Mit einer Freundin tauschte ich fast täglich Sprachnachrichten aus, so dass ich mich nicht allein fühlte. Sie merkte sofort, wenn es mir schlecht ging und versuchte mich aufzubauen. Wenn ich auf Dienstreise musste, fand sich immer jemand, der die Kinder aufnahm oder zu uns kam. In dieser Zeit lernte ich es Hilfe auch anzunehmen, was ich zuvor nicht getan hatte. Immer war ich die Fädenzusammenhalterin gewesen, organisierte während der Ehe Feiern und Ausflüge, war immer zur Stelle, wenn Hilfe benötigt wurde, absolut zuverlässig.

Meinen Kokon habe ich verlassen, ich fing an mich zu zeigen und meine Fähigkeiten mehr und mehr zu sehen, mein eigenes Potential zu erkennen. Es fühlte sich gut an sich zu öffnen und wieder öfter auf andere Menschen zuzugehen. Ich verabredete mich regelmäßiger und fand in mir selbst einen Ruhepol. Es ist ein schönes Gefühl sich helfen lassen zu können und nicht alles allein zu „wuppen". Allmählich wächst in mir die Stärke, das Selbst-Wert-Gefühl heran.

„Hab nie ganz dazu gehört, pass nicht durch das Nadelöhr, allein in der Welt, wenn man aus dem Rahmen fällt. Was ihr leicht zusammen schafft, muss ich tun aus eigener Kraft, die Liebe hat gefehlt und es tut immer noch weh. Doch wenn ich in den Spiegel schau, seh' ich eine starke Frau, mit erhobenem Haupt und aufrechtem Gang geh ich meinen Weg entlang..."
Monika, mit dem Lied „Starke Frau" aus der Serie Ku'damm 63

In diesem Lied erkenne ich mich selbst wieder.

13

Freiheit

Auch während der nächsten Jahre setzten sich die Gerichtsprozesse fort. Zum einen lief der Scheidungsprozess weiter und zum anderen die Klage der Heimleitung um die Kosten für die Tatortreinigung von mir erstattet zu bekommen.

Das ganze machte mir doch mehr zu schaffen als ich mir selbst eingestehen wollte. In manchen Momenten fühlte mich klein und ohnmächtig. Und es fühlte sich noch oft an, als würde ich einen Film betrachten. Lange war mir nicht bewusst, dass ich die Hauptrolle darin spielte. In anderen Momenten fühlte ich mich gefestigter und kraftvoller.

Später ließ ich mich routinemäßig untersuchen und durchchecken. Es stellte sich heraus, dass meine Nieren nicht ganz in Ordnung waren. Ich müsse besser darauf aufpassen. Da ansonsten soweit alles in Ordnung war, ignorierte ich den Hinweis. „Wird schon nicht so schlimm sein."

Die ersten Monate des nun neu angebrochenen Jahres verliefen recht friedlich, es stellte sich mit Schule, Job, den zweiwöchentlichen Besuchen der Kinder bei ihrem Vater eine gewisse Alltagsroutine ein, die für uns alle hilfreich war und mir vor allem wieder Energie brachte.

Die Yoga-Ausbildung machte mir richtig viel Spass, und ich lernte, wie komplex und faszinierend unser Körper ist. Bisher war ich immer sehr technisch-logisch unterwegs, kannte Hydraulik- und Pneumatiksystem nur aus den technischen Bereichen und fand nun heraus, dass all dies auch in unserem Körper herrscht. Durch das Atmen, Pneumatik, bekommen wir die Energie um unseren Motor, das Herz, anzutreiben und den Sauerstoff im Körper verteilen zu können. Steuerzentrale ist dabei unser Gehirn. Funktioniert irgendwo ein Teil, wie ein Ventil, nicht richtig, wirkt sich das aus.

Im Sommer nun holte mich der Hinweis des Heilpraktikers ein. Ich bekam wahnsinnige Nierenschmerzen, diese waren schlimmer als die Wehen. Als die Schmerzen unerträglich wurden, verschrieb mir ein Arzt ein Antibiotikum. Ich trank vier Liter Wasser und Tee täglich und hielt mich zwangsweise mehr im Bett liegend auf, als mir recht war. Dies waren jedoch eindeutige Signale des Körpers, die sich nicht mehr ignorieren ließen.

Das Gute daran war, dass ich wieder viel lesen konnte, was ich seit frühester Kindheit gern gemacht habe. Ich habe mir dadurch einen sehr großen Wissensschatz angeeignet. Doch was nützt dieses ganze Wissen, mit seiner männlichen-rationalen-logischen Seite, wenn man seine Gefühle nicht zum Ausdruck bringen kann, weil man sie von jeher unterdrückt hat? Ich hatte Schmerzen und es ging mir körperlich schlecht. Ich musste, wenn es mir wieder besser gehen sollte, auf meine Gefühle hören. Das war eine neue Erfahrung für mich.

Das brachte mich wiederum zu der Frage, was mir wichtig ist und was ich in diesem Leben gerne noch machen möchte. Worauf will ich meinen Fokus setzen? Mittlerweile praktiziere ich täglich Yoga, unterrichte und meditiere regelmäßig. Ich beginne mich selbst wohler zu fühlen und **bin** einfach ich mit allem, was dazu gehört. Zudem versuche ich, das anzunehmen, was ist, was ich nicht ändern kann und meine Einstellung entsprechend anzupassen. Ärger trifft einen nur selbst, prallt an seinem Gegenüber oftmals ab. Es ist wichtig, sich selbst gegenüber wohl gesonnen und mitfühlend zu sein, so wie man es mit seinen Freunden auch ist.

Im Herbst fuhr ich mit meinem Freund im VW-Bus an der Nordseeküste entlang bis in die Normandie. Das war eine ganz tolle Tour und erweckte in mir wieder dieses Freiheitsgefühl, welches ich vor so vielen Jahren schon einmal gespürt hatte. Wir lernten interessante Menschen kennen und entdeckten tolle Fleckchen Erde. Was uns beiden ganz deutlich wurde, welche Privilegien wir doch haben, wie toll es ist, was für ein großes Glück, in Deutschland geboren, aufwachsen und leben zu können und welche Vorteile die EU doch mit sich bringt. Wir waren in vier Ländern unterwegs, konnten ohne Grenzkontrollen überall einreisen und mit derselben Währung bezahlen. Es ist so erfüllend in der Natur unterwegs zu sein. Was braucht man eigentlich zum Leben? Ist es so erstrebenswert irgendwelchen Statussymbolen nachzujagen? Nach Alexander Humboldt: „Wohlstand ist, wenn man mit Geld, das man nicht hat, Dinge kauft, die man nicht braucht, um damit Leute zu beeindrucken, die man nicht mag." Wieviele Menschen streben auf diese Weise danach irgendwo dazuzugehören?

Dieses Streben kann ich nachvollziehen. Ich hatte immer das Gefühl, nirgendwo hin- und nirgendwo dazuzugehören, fühlte mich oft als Kind/Jugendliche und auch als Erwachsene allein. Verstärkt hat sich das Ganze sicher noch durch den Kokon, der mir sehr viel Schutz bot, allerdings auch eine Trennung darstellte.

Und es tut so gut, diesen Kokon zu öffnen, sich zu entfalten zu können, Veränderungen bewusst zuzulassen und sich auch daran zu erfreuen. Nur durch eine Veränderung kann man wachsen, entwickeln sich neue Dinge. Den Wandel kann jeder nur selbst durchleben, und das ist eine faszinierende Reise, auf die man sich begibt.

Viereinhalb Jahre waren seit meiner Trennung und meinem Auszug vergangen. Jetzt wurde endlich der Scheidungsbeschluss gefasst, und ich wurde rechtmäßig geschieden. Was für eine große Erleichterung. Endlich keine Gerichtstermine mehr, keine extrem hohen Rechnungen, keine Anschuldigungen, wow, ein großer Schritt war getan.

Weihnachten hatte ich in diesem Jahr ganz besonders gefeiert und mit vielen Menschen. Das war richtig schön. Ich habe es genossen „Ich" sein zu können, im Mittelpunkt zu stehen und endlich selbst aktiv zu sein.

Im Frühjahr des nächsten Jahres wurde auch bei meinem letzten laufenden Gerichtsverfahren, aufgrund der Anklage für die Rechnungsübernahme der Tatortreinigung, das Urteil gesprochen: durch die Abweisung der Klage kamen keine weiteren Kosten auf mich zu.

Nun war ich endgültig von allem frei.

Und ich bin ich doch noch Lehrerin geworden, der Traumberuf meiner Kindheit.

Weiterhin gibt es immer noch und immer wieder herausfordernde Situationen, ich gehe nur anders mit ihnen um und lasse mir nicht mehr alles gefallen. Ich bin es mir selber wert auch einmal „Nein" zu sagen und mich damit selbst zu stärken. Ein „Nein" bedeutet immer auch ein „Ja" zu mir selbst.

Mit meiner Mutter telefoniere ich gelegentlich. Nun verletzt mich das Verhalten nicht mehr so wie früher und vor allem habe ich keine Schuldgefühle mehr. Auch wenn sich bei den Telefonaten nach wie vor alles um meinen Bruder dreht.

Außerdem habe ich mit ganz viel Energie auch mein Hashimoto in den Griff bekommen, von der Entfernung eines

Organs ist nicht mehr die Rede, wie es seinerzeit bei meinem Zusammenbruch war. Der Antikörper-Wert wurde um das 60-fache gesenkt, ist somit nur noch ganz leicht erhöht,. Durch gezielte Yoga-Übungen und eine Ernährungsumstellung kann sogar ein anderer Umgang mit Krankheit erreicht bzw. sogar, wie in meinem Falle, fast eine komplette Heilung herbeigeführt werden.

Aus all dem habe ich viel gelernt und kann nun besser das „Aussen" auch im Aussen lassen. Das Innere ist stark und gibt mir Kraft und Mut. Wir haben alles, was wir brauchen in uns. Und wir können viel mehr als wir denken. Was für eine bunte Welt entstehen würde, wenn jeder Mensch sein eigenes Licht zum Leuchten bringt und sich damit sehr sicher fühlt. Und das hat nichts mit Egoismus zu tun, sondern mit Freiheit. Je wohler und sicherer sich der Mensch selbst fühlt, desto mehr strahlt er dies auch aus und dieses beeinflusst wiederum auch die anderen Menschen.

Ich weiß jetzt, dass ich mir helfen lassen kann, dass es gut tut, Hilfe anzunehmen und wir Menschen die Verbundenheit brauchen. Aus der Angst wieder allein zu sein ist Vertrauen geworden, dass ich nicht allein bin. Ein Spiegel von Außen, von seinem Gegenüber, hilft einem bei dem eigenen Wachsen. Es ist viel schöner Beziehungen zu pflegen und sich auszutauschen als alles mit sich allein auszumachen.

Meine Scham- und Schuldgefühle werden immer weniger und das abendliche Grübeln hat komplett nachgelassen. Und ja, auch wenn der Weg mit vielen Hindernissen übersät war, ich würde ihn immer wieder gehen. Ich habe so viel lernen können und vor allem das Vertrauen stärken können, dass einem geholfen wird. Plötzlich taucht jemand auf und steht einem zur Seite, womit man nicht gerechnet hat.

Herausforderungen, die einem gestellt werden, ermöglichen inneres Wachstum. Läuft alles glatt, so denkt man nicht so viel daran sich zu hinterfragen, Situationen aus einem anderen Blickwinkel zu betrachten.

Es waren sehr viele Themen, die ich in recht kurzer Zeit gestellt bekommen habe. Diese haben mir meine seelischen und körperlichen Grenzen aufgezeigt. Dadurch konnte ich wachsen, mich entfalten und mich befreien. Und das ist prima. Ich bin stolz auf meine Reise und all meinen Wegbegleitern zutiefst dankbar.

Mein Kokon hat mir all die Jahre treue Dienste geleistet und mich ge- und beschützt. Und nun bin ich froh los geflogen zu sein.

14

Epilog

Und plötzlich wache ich auf und denke, schön, dass ich da bin. Ich schaue mich im Spiegel an und freue mich diesen einzigartigen Menschen zu sehen. Dennoch gibt es immer wieder Tage in denen ich mich klein und gar nicht einzigartig fühle, das ist das Leben. Und es gehört dazu.

Jetzt weiß ich, fühle ich, was Selbstliebe ist, Mitgefühl mit sich selbst. Ich mag mich so wie ich bin, und es ist mir egal, was andere von mir halten. Ich sorge gut für mich, bin achtsam. Gestern lackierte ich ganz bewusst meine Fussnägel, und es sieht schön aus.

Es steckt gar nichts Großes dahinter, sondern viele kleine Schritte, das stetige vorsichtige Lösen aus dem ach so sicheren Kokon, bis der kleine Schmetterling sich vorsichtig ganz herauswagt, sich umschaut, langsam seine Flügel ausbreitet und dann den ersten Flug versucht.

Es funktioniert !!! und es ist ein ganz großartiges Gefühl! Ich bin ein besonderer Schmetterling, zeige mich und fliege los.

Und ich wünsche mir, dass mir noch viele andere nachfolgen werden und wir die Welt bunter leichter und schöner für alle werden lassen. Einfach nur dadurch, dass wir uns zeigen.

Zeitfracht Medien GmbH
Ferdinand-Jühlke-Straße 7
99095 Erfurt, Deutschland
produktsicherheit@kolibri360.de